ALBUM DE MONTSERRAT

ALBUM DE MONTSERRAT

Colección de 30 fototipias con un texto histórico y descriptivo ilustrado con numerosos grabados.

Collection de 30 phototypies avec un texte historique et descriptif orné de nombreuses gravures.

EDITORES, PARERA Y C.ª, EDITEURS

RONDA DE LA UNIVERSIDAD, 4, BARCELONA

Imprenta LA ILUSTRACIÓN, á cargo de Fidel Giró. — Calle de Valencia, núm. 311, BARCELONA

ORÍGENES

ᴀ historia de Montserrat es la historia de Cataluña.

No es nuestro propósito cansar al lector con elegías, que mejor templadas plumas han cantado con sin igual maestría y erudición.

Los que hayan leído la ponderada *Perla de Cataluña*, del maestro Fray G. Argaiz, y las obras de Pedro de Burgos y del académico Serra y Postius, la erudita historia del Padre Crusellas y los poéticos escritos de Balaguer, así como los estudios y monografías diversas que de Montserrat se han publicado refiriéndonos la inmediata relación que con nuestra historia regional y aun con la historia patria tienen estos hermosos y soberbios montes, podrán juzgar cuán difícil ha de ser para nuestra humilde pluma el poder presentar un estudio acabado del centinela avanzado de la región Lacetana, como la llamaban ya dos siglos antes de J. C.

Los datos exactos conocidos, arrancan desde los tiempos que siguieron á la conquista de Carlo Magno, pues de fechas anteriores existen sólo leyendas y

SON ORIGINE

ʜistoire du Montserrat est l'histoire de la Catalogne.

Nous ne lasserons pas le lecteur avec des élégies. Des plumes inspirées ont chanté Montserrat avec plus de talent et d'érudition que nous ne saurions le faire.

Ceux qui ont lu *la Perle de la Catalogne*, de maître Fray Argaiz, les œuvres de Pierre de Burgos et de l'académicien Serra y Postius, l'histoire de l'érudit P. Crusellas, les poétiques écrits de Balaguer et les diverses études et monographies publiées sur Montserrat et sur le rapport intime qui existe entre ces belles et superbes montagnes et l'histoire de notre région et même de notre patrie, ceux-là comprendront combien il doit être difficile à notre modeste plume de présenter une étude achevée de cette sentinelle avancée de la contrée Lacetaine, comme on l'appelait déjà deux siècles avant J.-C.

Les premières données précises connues remontent aux temps qui suivirent la conquête de Charlemagne. Antérieurement à cette époque, il n'existe que des légendes et des suppositions, bien que l'on ait constaté que, parmi les noms qui

2

conjeturas, si bien se haya comprobado que entre los nombres con que fueron denominadas estas montañas, existe el de *Carrafat*, después de la invasión romana, y según Romey, parece que aun los mismos romanos los llamaban *Medulius Mons*, ó sea montes del corazón. Los sarracenos las llamaban *Gistaus*, y á título de curiosidad, podemos mencionar que en documentos de origen sajón se ha comprobado la denominación de *Keep House*, que significa Casa Vigilante. Algunos pretenden que el actual nombre de Montserrat deriva de las palabras *Mont-siat* que pronunció Carlo Magno al llegar vencedor á la montaña y clavar en ella su estandarte imperial; pero esto, como hemos dicho antes, puede mejor calificarse de fantasías populares, pues bien sabido es que la denominación de los sitios y de los pueblos se debe más á la tradición que el tiempo sanciona, que no á imposición ni reglamentación determinadas.

El Padre Crusellas, apoyándose en datos que estimamos exactos, afirma que la etimología de la palabra *Montserrat* deriva de sus propios riscos, que realmente parecen como aserrados, ó mejor dicho, como dientes de sierra, y así lo demuestra también el blasón del Monasterio.

Liberato pretende que desde el año 187 hasta el 253, existió en las montañas de Montserrat un templo pagano dedicado al culto de la diosa Venus, pero autorizados historiadores dudan de la veracidad de esta afirmación.

Del siglo VI sabemos sólo que Quirico fundó un pequeño monasterio donde hoy se halla Monistrol, lo que hace suponer que el nombre de este pueblo deriva de la palabra *Monasteriolum*.

De las ermitas, la que se cree más antigua es la de San Miguel Arcángel, siendo justificada esta conjetura por la costumbre de dedicar en los tiempos primitivos á la advocación de este titular los templos construidos en lugares aislados y solitarios.

ASPECTO Y SITUACIÓN TOPOGRÁFICA

Es Cataluña, como ningún otro país, el de la poesía y de los recuerdos. Su pasado glorioso, las brillantes páginas de su historia, sus esclarecidos blasones que se alzan orgullosos entre las ruinas de su antiguo poderío, absorbido hoy por el centralismo y por las calamitosas circunstancias que atraviesa la hispana tierra; su hermoso cielo azul, su clima templado, la fertilidad de sus campos, sus

furent donnés à ces montagnes, figure celui de *Carrafat*, après l'invasion romaine. Romey dit que les romains les nommaient *Medulius Monts*, c'est-à-dire, *Monts du Cœur*. Les sarrasins les appelaient *Gistaus*. Nous dirons, à titre de curiosité, que dans des documents d'origine saxone, ces montagnes sont désignées sous le nom de *Keep House*, ce qui signifie *Maison Surveillante*. Certains prétendent que le nom actuel de Montserrat dérive des mots *Mont-siat* que prononça Charlemagne lorsque, vainqueur, il fit planter son étendard impérial sur cette montagne. Ce sont là, ce nous semble, de pures fantaisies populaires, car l'on sait que la dénomination des lieux et des villes se doit plutôt à la tradition que sanctionne le temps, qu'à des impositions et des réglementations déterminées.

Le P. Crusellas, se basant sur des données que nous considérons exactes, affirme que l'étymologie du mot *Montserrat* dérive de ses propres rochers escarpés qui paraissent réellement avoir été sciés, ou, pour mieux dire, qui ressemblent aux dents d'une scie: la preuve en est le blason du monastère.

Liberato prétend que depuis l'an 187 jusqu'en 253, il exista sur les montagnes de Montserrat un temple païen consacré au culte de la déese Vénus, mais des historiens compétens doutent de l'exactitude de cette assertion.

Nous savons qu'au VIe siècle, Quirique fonda un petit monastère à l'endroit où se trouve aujourd'hui Monistrol, ce qui fait supposer que le nom de cette ville dérive du mot *Monasteriolum*.

De tous les ermitages, celui qu'on croit être le plus ancien, est l'ermitage de Saint-Michel Archange. Cette supposition paraît justifiée par le fait même de la coutume des temps primitifs de vouer à ce saint les temples construits en des lieux isolés ou solitaires.

SON ASPECT ET SA SITUATION TOPOGRAPHIQUE

La Catalogne est plus qu'aucun autre le pays de la poésie et des souvenirs. Son passé glorieux, les brillantes pages de son histoire, ses blasons illustres qui se dressent avec fierté au milieu des ruines de son ancienne puissance, absorbée aujourd'hui par la centralisation et par les calamiteux événements qui s'appesantissent sur l'Espagne; son superbe ciel bleu, son climat tempéré, la fertilité de ses champs, ses pittoresques côtes, l'épaisseur de ses bois, les splendides panoramas qu'on peut admirer des pics de ses montagnes s'étendant depuis la

pintorescas costas, la espesura y frondosidad de sus bosques, los esplendentes panoramas que se admiran desde los elevados picos de sus montañas, que se extienden desde la cordillera Pirenaica hasta las aguas del Ebro, son con justicia orgullo de sus hijos y admiración de propios y extraños.

Entre tan preciadas bellezas, descuellan en el mismo corazón de Cataluña, alzándose majestuosas, las montañas de Montserrat.

Sobre la ladera derecha del Llobregat, á los 41°30' latitud Norte y á 5° 29' 50" longitud del meridiano de Madrid, á 35 kilómetros de Barcelona y á 14 de Manresa está situada la montaña, cuya circunferencia es de más de cuatro leguas y dos leguas su elevación.

Si se acierta un día despejado, en que las brumas no cubran el firmamento, colocado el observador en el punto más elevado del monte, descubre: por la parte de Oriente, todo el gran territorio que media entre la montaña y Manresa, con parte de la vía férrea, San Lorenzo del Munt y Montseny; por el Mediodía, hasta el Tibidabo y San Pedro Mártir; por el Poniente, todo el Panadés con el camino de hierro, el mar por la parte de Torredembarra y Tarragona, y las Baleares; entre Poniente y Norte, parte del territorio de Valencia y Aragón, y volviendo al Norte, la gran cordillera de los Pirineos, con parte del territorio francés, especialmente el Canigó y todo el de la alta montaña; dominando, por consiguiente, los obispados de Barcelona, Gerona, Vich, Lérida. Solsona, Tortosa, Tarragona, Mallorca, Ibiza, Urgel, Teruel, Tarazona y Perpiñán.

Dice el eximio poeta Zorrilla, en su leyenda *La Azucena Silvestre:* «Es una corona de rocas empinadas, caprichosamente engastadas unas con otras, por poderosa fuerza subterránea, que al realizar el cataclismo que la produjo, creó el vacío debajo de sus elevadas cumbres, que se sostienen por milagroso equilibrio.

Es un cúmulo de rocas pintorescas, maravilloso, que un día hizo brotar de la llanura la misma fuerza misteriosa que partió el peñón de Gibraltar.»

Pero, en la estructura de tan caprichosa y original figura — dice el sabio doctor Almera — han contribuido varias circunstancias: 1.ª La naturaleza caliza de sus aglomerados, que siempre se alteran en forma parecida; 2.ª La estrechez, aislamiento y altura sobre sus contornos, impidiendo esta última que las aguas corriesen en gran caudal y por mucho tiempo en su superficie, viéndose así reducidos los agentes erosivos á la acción de las fuertes lluvias, de los hielos y

chaîne des Pyrénées jusqu'à l'Ebre, sont avec justice l'orgueil de ses enfants et l'admiration des étrangers.

Au milieu de tant de beautés, au cœur même de la Catalogne, s'élèvent au-dessus de toutes les autres, majestueuses et pittoresques, les montagnes de Montserrat.

La montagne se trouve située sur la rive droite du Llobregat, à 41° 30' de latitude nord et à 5° 29' 50" de longitude du méridien de Madrid, à 35 kilomètres de Barcelone et à 14 de la ville de Manresa. Elle occupe une circonférence de plus de quatre lieues sur deux d'élévation.

S'il tombe sur une journée claire, qu'aucun brouillard ne couvre le firmament, l'observateur placé sur le point le plus élevé de la montagne, découvre, à l'Orient, tout le vaste territoire qui s'étend depuis la montagne jusqu'à Manresa, une partie de la ligne du chemin de fer, Saint-Laurent del Munt et Montseny; au midi, jusqu'au Tibi-Dabo et Saint-Pierre Martyr; au couchant, tout le Panadés, le chemin de fer, la mer vers Torredembarra et vers Tarragone et les îles Baléares; entre le couchant et le nord, une partie du territoire de Valence et l'Aragon, et, tournant au nord, la grande chaîne de montagnes des Pyrénées, une partie du territoire français, spécialement le Canigou et toute la contrée de la haute montagne, ce qui fait qu'il domine les évêchés de Barcelone, de Gérone, Vich, Lérida, Solsona, Tortosa, Tarragone, Majorque, Ibiza, Urgel, Téruel, Tarazone et Perpignan.

L'excellent poète Zorrilla dit dans sa légende *Le lis sauvage:* «C'est une couronne de rochers debout, capricieusement sertis les uns dans les autres par une puissante force souterraine. Le cataclysme qui la produisit créa lui-même le vide qui existe sous ses cimes élevées et soutenues par un équilibre miraculeux.

C'est un amas de rochers pittoresques, merveilleux, que fit un jour surgir de la plaine la même force mystérieuse qui fendit le rocher de Gibraltar.»

Mais, dit le savant docteur Almera, à cette capricieuse et originale structure ont contribué diverses circonstances: 1° la nature calcaire de ses agglomérés, qui s'altèrent toujours d'une façon semblable; 2° le peu d'espace, l'isolement et la hauteur de la montagne par rapport aux alentours, qui empêchèrent les eaux de s'étendre avec abondance ni de stationner sur sa surface, ce qui réduisit les agents érosifs à l'action des fortes pluies, des glaces, des courants et des humidités de l'atmosphère, qui, ne pouvant emporter que lentement et proportion-

de las corrientes y humedades de la atmósfera, los cuales, no pudiendo llevarse más que lentamente y con relación á su resistencia los materiales que en pequeños fragmentos le faltan, han producido este espléndido efecto de torres fantásticas y gigantescas pilastras.

La elevación de la montaña en el pico de San Jerónimo es de 1,452 metros sobre el nivel del mar y 1,398 metros del nivel del Llobregat, calculado desde Monistrol.

Vista desde la parte de Manresa acusa caprichosas y extrañas formas, que la fantasía poética del pueblo denomina con los nombres de monjes, reyes, caballos y castillos.

Las peñas de forma cónica que se elevan majestuosas, hasta desaparecer entre las nubes á las que parecen orgullosas desafiar, cambian de forma y aspecto á medida que el viajero se aproxima á la montaña.

Si bien en su falda abundan copiosas fuentes de agua cristalina, éstas son rarísimas en la parte elevada de los montes, viéndose sus moradores obligados á recoger las aguas pluviales en sendas cisternas.

Por misterio incomprensible de la naturaleza, ocultas venas fecundan innumerables plantas, arbustos y árboles que la hermosean, siendo la flora medicinal abundantísima, y encontrándose más de doscientas clases de plantas aromáticas, medicinales algunas de ellas, rarísimas y especiales de tan agreste sitio.

CRONOLOGÍA HISTÓRICA

Si la índole especial de este libro no nos vedase extendernos en consideraciones que lo convertirían en obra de estudio, podríamos bajo este epígrafe llenar numerosas páginas.

Tratemos, pues, de ser breves y apuntar los hechos más culminantes de la historia, dejando para los eruditos escritores que hemos mencionado, la misión de completar al lector que lo desee, el caudal de noticias y hechos que se refieren á esta gloriosa montaña.

La santa imagen de la Virgen que se venera en las montañas de Montserrat se atribuye al evangelista San Lucas, creyéndose que San Pedro la trajo á España el año 50, entregándosela al primer obispo de Barcelona San Teodoro, y que fué venerada en la primitiva Catedral de Santos Justo y Pastor hasta el año 717,

nellement à leur résistance les matières qui manquent par fragments, de ci de là, ont produit ce splendide effet de tours fantastiques et de piliers géants.

Sa hauteur, prise du sommet plus élevé de Saint-Gérôme, est de 1,452 mètres au-dessus du niveau de la mer, et 1,398 mètres au-dessus du niveau du Llobregat pris à Monistrol.

Vue du côté de Manresa, elle affecte des formes capricieuses et étranges aux quelles la fantaisie poétique du peuple a donné les noms de moines, rois, chevaux et châteaux.

Les rochers de forme conique qui se dressent avec majesté pour disparaître dans les nues qu'ils semblent défier avec orgueil, changent de configuration et d'aspect à mesure que le voyageur approche de la montagne.

Bien qu'elle renferme dans la partie basse d'abondantes sources d'eau cristaline, celles-ci sont très rares dans la partie haute et les habitants sont obligés de recueillir les eaux de pluie dans de vastes citernes.

Par un incompréhensible mystère de la nature, des veines occultes fécondent d'innombrables plantes, des arbustes et des arbres qui l'embellisent. La flore médicinale y est très abondante; on y trouve plus de deux cents variétés de plantes aromatiques, quelques-unes d'entr'elles médicinales, très rares et spéciales à ce lieu agreste.

CHRONOLOGIE HISTORIQUE

Si le but spécial de ce livre ne nous interdisait pas de nous étendre sur certains sujets qui en feraient une œuvre d'étude, nous pourrions, sous ce titre, remplir de nombreuses pages.

Nous tâcherons donc d'être brefs en ne faisant qu'indiquer les faits les plus saillants de l'histoire. Le lecteur qui désirerait être mieux renseigné n'aura qu'à consulter les écrivains érudits que nous avons déjà cités.

La sainte image de la Vierge qu'on vénère à Montserrat, est attribuée à l'évangéliste Saint-Luc. On croit que Saint-Pierre la porta en Espagne, l'an 50, et la remit au premier évêque de Barcelone, Saint-Théodore, et qu'elle fut vénérée dans la primitive cathédrale des Saints Just et Pasteur jusqu'en 717, époque à laquelle elle fut cachée dans la montagne de Montserrat, pour la sauver des dangers de l'invasion des sarrasins.

que para salvarla de los peligros de la invasión sarracena, la escondieron en la montaña de Montserrat.

Allí estuvo olvidada de todo culto durante 163 años, hasta que en 880 fué milagrosamente descubierta por unos pastores que apacentaban sus rebaños al pie de la montaña.

Avisado el obispo Gotmar, que por hallarse la sede Vicense en poder de los sarracenos se encontraba en Manresa, salió el sábado, 25 de Abril de 880, con gran séquito de sacerdotes y pueblo dirigiéndose á Montserrat, y el día siguiente fué hallada la Santa Imagen en la cavidad de una roca, entre arbustos y malezas, en el mismo sitio que hoy existe la cueva que describiremos oportunamente.

Organizóse devota procesión, llevando el mismo obispo en brazos á la Santa Imagen, y se dirigían á Manresa con idea de colocarla en la Catedral de dicha ciudad; pero al llegar al sitio que ocupa hoy una cruz de piedra con esta inscripción: *Aquí se hizo inmóvil la Santa Imagen en 880*, por designio providencial quedó enclavada la Imagen en aquel lugar y no hubo modo de sacarla de allí, en vista de lo cual se decidió colocarla, interinamente se construía un edificio digno de tan excelsa Soberana, en la capilla de San Acisclo y Santa Victoria, que existía á pocos pasos del sitio en que se había obrado tal milagro.

Marcando la primera etapa de la reconquista cristiana de Cataluña, á últimos del siglo ix vemos al conde Wifredo fundar el monasterio de Santa María de Ripoll, del que fué primer abad su hijo Rodulfo, como fué primera abadesa de Montserrat su hija Riquilda.

Fué la primera iglesia de Montserrat de una sola nave bastante reducida, y su construcción la llevó á cabo el mismo obispo Gotmar, y en seguida el conde Wifredo emprendió las obras para la creación del Monasterio, trayendo monjas Benedictinas de las Puellas de Barcelona, instaló una comunidad, dándole por prelada ó por primera abadesa á su misma hija, con todas las preeminencias y privilegios de tal, el año 896, desde cuya fecha quedó regularizado en Montserrat el culto de día y de noche, celebrándose fija y diariamente el santo sacrificio de

Cruz de término. — Croix de chemin.

Elle demeura là, oubliée, pendant 163 ans, lorsqu'en 880 elle fut miraculeusement découverte par des bergers qui menaient paître des troupeaux au pied de la montagne.

L'évêque Gotmar, qui se trouvait à Manresa, le siège épiscopal de Vich étant tombé au pouvoir des sarrasins, avisé aussitôt, partit le samedi 25 avril 880, accompagné par de nombreux prêtres et par le peuple et se rendit à Montserrat. La Sainte Image fut trouvée le lendemain dans la cavité d'une roche, entre des arbustes et des broussailles, à l'endroit même où se trouve aujourd'hui la grotte, que nous décrirons plus loin.

On organisa une procession au cours de laquelle l'évêque en personne portait dans ses bras la Sainte Image, se dirigeant à Manresa dans le but de la placer dans la Cathédrale de cette ville; mais lorsqu'il arriva à l'emplacement qu'occupe aujourd'hui une croix de pierre sur laquelle on lit cette inscription: *Aquí se hizo inmóvil la Santa Imagen en 880 (La Sainte Image devint ici immobile en 880)*, par un dessein sans doute de la Providence, l'image resta clouée en ce lieu et il fut impossible de l'en arracher. On se décida alors à la placer, en attendant la construction d'un édifice digne d'une si grande Souveraine, dans la chapelle de Saint Aciscle et de Sainte-Victoire qui existait à quelques pas de l'endroit où s'était opéré le miracle.

Nous voyons la première étape de la reconquête chrétienne de la Catalogne à la fin du ixe siècle, signalée par la fondation du monastère de Sainte-Marie de Ripoll par le comte Wifred. Son fils Rodulphe fut le premier abbé de ce monastère, de même que sa fille Richilde fut la première abbesse du monastère de Montserrat.

La première église ne comprenait qu'une nef assez petite; elle fut construite sous la direction de l'évêque Gotmar, puis le comte Wifred fit commencer les travaux pour la création du monastère et fit venir des moinesses bénédictines de las Puellas de Barcelone. Il installa une communauté dont la première abbesse fut sa fille elle-même, qui jouit de toutes les prééminences et de tous les privilèges de l'époque, an 896. Le culte de jour et nuit fut réglé à Montserrat dès cette

la Misa; y desde este año, los fieles que se sentian movidos á subir la escabrosa montaña á fuerza de fatigas, ó para cumplir un voto, ó para implorar alguna gracia, encontraron quien pudiese atenderlos en todo lo relativo á los sentimientos religiosos, y quien pudiese acudir al socorro de sus necesidades corporales. Se estableció, ya entonces, una hospedería.

La providencia paternal del conde Wifredo no se limitó á la fábrica del Monasterio para su hija Riquilda y sus compañeras, sino que se extendió á dotarlas con algunas posesiones que donó al monasterio de Ripoll, como tutor nato del de Montserrat y de las iglesias adyacentes.

Dióle con el *laudemio* la porción de la montaña que corre desde *Vall-mal*, hoy torrente de *Santa María*, hasta el Llobregat inclusive, y sube otra vez por el torrente citado hasta San Jerónimo, de donde baja hasta el castillo del Marro, cerca de Santa Cecilia, y sigue la dirección del Riusech, cerca de la casa de este nombre (hoy *Piteu*), vuelve al álveo del Llobregat, é incluye, por consiguiente, el sitio en que se fundó el pueblo de Monistrol.

La primera iglesia de Montserrat, la que subsistió durante 790 años, la describe un autor en estos términos:

«Sus dimensiones y situación topográfica eran aproximadamente las siguientes:

Tenia de longitud 25 metros, de latitud 17, y de altura 10 ú 11, sin el tejado. Estaba en dirección al Oriente y ocupaba principalmente el local que hoy dia ocupan la portería del Monasterio y parte de la escalera del mismo, y los aposentos de San Fulgencio y San Leandro, desde la puerta bizantina.

No predominaba en ella determinada idea ó gusto arquitectónico.

Tenia últimamente tres puertas: la bizantina, que era la del centro, principal, y otras dos laterales.»

El interior del paño del claustro gótico que hoy existe, y en donde está situado el despacho de medallas y rosarios, fué como un adyacente de la iglesia antigua, en el último periodo de su existencia para el culto (sin la bóveda intermedia que se hizo en el siglo pasado); era como una especie de capilla del Sacramento, en la que se habian colocado los confesionarios.

La misma estrechez de la iglesia habia obligado á habilitar para el culto un local situado entre la misma y la torre-campanario que, ó recordaba el último periodo de las monjas ó el primero de los monjes. Era una capilla dedicada á

annéc et le saint sacrifice de la messe y fut célébré quotidiennement. Les fidèles éprouvant le désir de monter au haut de la montagne escarpée, soit pour accomplir un vœu ou pour implorer une grâce, trouvèrent dès lors qui pût leur rendre les services spirituels et qui pût les aider à subvenir aux exigences de la vie matérielle; on établit à cet effet une *hospedería*, (appartement destiné, dans le monastère, à loger les étrangers)

La paternelle prévoyance du comte Wifred ne se borna pas à la construction du monastère pour sa fille Richilde et ses camarades; il les dota en outre de plusieurs domaines dont il fit présent au monastère de Ripoll, comme tuteur-né de celui de Montserrat et des églises adjacentes.

Il lui céda la partie de la montagne qui s'étend depuis *Wall-mal*. aujourd'hui *torrent de Sainte-Marie*, jusqu'à la rivière du Llobregat y comprise, et remonte par le torrent susnommé jusqu'à Saint-Gérôme, d'où elle descend vers le château du Marro, près de Sainte Cécile, en suivant la direction du Riusech (rivière sèche), près de la maison connue sous ce même nom (actuellement maison Piteu), et revient vers le lit du Llobregat. Cette extension comprend par conséquent le lieu où fut fondé le village de Monistrol.

La première église du Montserrat, celle qui subsista pendant 719 ans, a été décrite par un écrivain, dans ces termes:

«Ses dimensions et sa situation topographique étaient approximativement les suivantes:

Longueur, 25 mètres; largeur, 17 mètres; hauteur, 10 ou 11 mètres, sans compter le toit. Elle regardait à l'Orient et occupait spécialement le local où se trouvent aujourd'hui la principale porte du monastère, une partie de l'escalier et les logements de Saint-Fulgence et de Saint-Léandre, à partir de la porte bizantine.

Aucune idée, aucun goût architectonique n'y dominaient.

Elle avait dernièrement trois portes: la porte bizantine qui était celle du centre, soit la principale, et deux autres latérales.»

L'intérieur du cloître gothique qui existe aujourd'hui, où l'on vend les médailles et les chapelets, fut une sorte d'annexe de l'ancienne église durant la dernière période de son existence pour le culte (sans la voûte intermédiaire qui fut construite au siècle dernier); c'était une espèce de chapelle du Saint Sacrement, dans laquelle avaient été placés les confessionaux.

San Benito, que servia para sala de lectura conventual, llamada por esta razón de colación, y para dar sepultura á los individuos de la comunidad.

En 905, el papa Sergio, á petición del conde de Barcelona, confirma para siempre la donación de la mayor parte de la montaña de Montserrat é iglesias en ella existentes, con la directa y alodial señoria y plena jurisdicción civil.

En 928, Sunyer, conde de Urgel, hermano del de Barcelona y de la abadesa Riquilda, dió al Monasterio para siempre la cuadra llamada *Vilamalichs*, en el término de Monistrol.

La idea de una posible humillación de vírgenes dignas de toda consideración por su estado, por su virtud, por el bien que habian merecido de la religión y del país, y también por las distinguidas familias á que pertenecian, si por desgracia el ejército sarraceno que lo amenazaba, lograse por algún tiempo correrse por estas comarcas, fué de tal peso en el ánimo del conde Borrell I, que resolvió trasladar las religiosas al monasterio de San Pedro de las Puellas, de Barcelona.

Aquí los historiadores difieren en sus afirmaciones, mientras que unos aseguran que se encargaron del Monasterio los monjes del real de Ripoll, otros pocos conceptúan que fueron los procedentes de Santa Maria de Linares; y sabido que las religiosas Benedictinas abandonaron las montañas el año 976, puede suponerse que la instalación de los monjes fué inmediata, sin embargo de que el maestro Argaiz afirma que fué en 977.

En 970, Wifredo y Doña Suilla, su esposa, dieron para siempre la iglesia y castillo de San Pedro Sacalma, en el término de Olesa.

En el año 1042, Riquilda, viuda, y sus hijos Juan y Vislaberto, obispo de Barcelona, ofrecieron la capilla de San Miguel, con todos los bosques y tierras que pertenecian á la misma. En el año 1076, el vizconde Guilberto ofreció á la Virgen, en el lugar llamado Vacco (hoy San Antolin de Monistrol), un terreno de casi cien jornales, plantado de olivos. En el año 1094, Hugo Gilberto y su esposa dieron á la Virgen la iglesia de San Jaime de Pallerols, que habian fundado. En el año 1168, Geraldo de Pierola dió su casa y heredad, tierras, montes, viñas, juros y pertenencias presentes y futuras.

En 1177, Guillermo de la Guardia dió una pieza de tierra en el término del Bruch, junto al torrente *Moxeringues*. En el año 1189, un tal Sondredo ofreció muchas piezas de tierra, casas y huertas en tierra de Bages, término de San Fructuoso.

La petitesse même de l'église avait contraint à destiner au culte un local situé entre l'église et la tour des cloches, qui rappelait la dernière époque des moinesses ou la première des moines. C'était une chapelle consacrée à Saint-Benoît qui servait de salle de lecture conventuelle, d'où lui vint le nom de « collation », et de sépulture pour les membres de la communauté.

En 905, le pape Serge, sur la demande du comte de Barcelone, confirma pour toujours le don qui avait été fait de la majeure partie de la montagne de Montserrat et des églises qui s'y trouvaient, avec maîtrise directe, franc-alleu et pleine et entière juridiction civile.

En 928, Sunyer, comte d'Urgel, frère du comte de Barcelone et de l'abbesse Richilde, fit donation à perpétuité au monastère du hameau denommé de *Vilamalichs*, sur le territoire de Monistrol.

La crainte d'une possible humiliation des vierges dignes de tout respect par leur état, par leur vertu et par les bienfaits qu'elles répandaient sur le pays, toutes appartenant à des familles distinguées; si par malheur l'armée menaçante des sarrasins eût envahi ces régions, tortura tellement l'esprit du comte Borrell Iᵉʳ, qu'il résolut de transférer les religieuses au monastère de Saint-Pierre des Puellas de Barcelone.

Les historiens diffèrent d'opinion sur ce point. Tandis que les uns assurent que les moines du Royal monastère de Ripoll se chargèrent du monastère, d'autres, moins nombreux, supposent que ce furent les moines de Sainte-Marie de Linarés qui l'occupèrent. On sait que les religieuses bénédictines abandonnèrent les montagnes en l'an 976. On peut croire que l'installation des moines y eut lieu inmédiament, bien que le maître Argaiz affirme qu'elle ne date que de l'an 977.

En 970 Wifredo et Doña Suilla, son épouse, firent donation de l'église et du château de Saint-Pierre Sacalma, canton d'Olesa.

En 1042, Richilde, devenue veuve, et ses enfants Jean et Vislabert, évêque de Barcelone, offrirent la chapelle de Saint-Michel avec tous les bois et toutes les terres en dépendant. En 1076, le vicomte Guilbert offrit à la Vierge, au lieu dit Vacco (aujourd'hui Saint-Antolin de Monistrol), un territoire d'environ cent *journées* tout planté d'oliviers. En 1094 Hugo Guilbert et son épouse firent donation à la Vierge de l'église de Saint-Jacques de Pallérols, qu'ils avaient fondée. En 1168, Géraldo de Piérola fit donation de sa maison et

En 1197, el vizconde de Beses dió á la Virgen la iglesia de San Jaime de Olivars.

Destruido el archivo preciosísimo del santuario de Montserrat en el desastroso incendio de 1811, hácese imposible reproducir la lista de personajes ilustres que, como brillantísimo cortejo, han formado parte de la pontificia y real Cofradía de Nuestra Señora de Montserrat, conocida y arraigada desde el año 1200, por haberse inscrito en ella los príncipes Don Juan y Doña Leonor de Aragón, con el arzobispo de Tarragona, que lo era á la sazón don Pedro de Rocaberti, y don Raimundo de Berga, abad de Ripoll, lo que dió lugar á que desde entonces se honraran perteneciendo á ella papas, reyes y príncipes de todos los pueblos. Créese fué fundada en 1115, pero su desarrollo se inició en 1191.

En 1200, Ramón de Castell-Aulí dió dos masías en Jorba y San Genís; y Ramón de Cervera dió una cuadra llamada Vilavilella de Castellfollit.

En el año 1202, doña Ermelinda y sus hijos dieron algunas piezas de tierra, viñas, casas, huertos y otras posesiones junto á San Pedro de Riudevitllas, y Ponce de Foix dió la tercera parte de las rentas del Mas de Almanya, en Castellet.

En 1204, Guillermo Gaufredo dió los alodios del Mas Vilar, en el término de Odena.

En el año 1205, Raimundo de la Guardia dió unas posesiones que antes pertenecían al Mas Mitjans, en el término de Esparraguera.

En 1206, Pedro Biosca y Raimundo Boixadós dieron el Mas Bosch, con sus juros y pertenencias, en el término del castillo de la Molsosa.

En 1211, Gerardo Alemany dió los juros y derechos que le pertenecían en el Mas Ortés, del término de Copons.

En 1212, Gerardo Adalsarts dió una viña en el término de Clariana.

Por el año de 1213, Bernardo Arnaldo dió una casa y posesiones en Manresa, y Guillermo de la Guardia dió el Mas Sobirats, en el término del Bruch.

Por el de 1220, Guillermo de la Guardia ofreció los castillos que poseía en los términos del Bruch y Guardia; y en 1223, don Guillermo, obispo de Vich, dió la cuadra del Mas Baró, en el término de Pierola.

En el mismo año, don Raimundo de Cardona dió 500 sueldos y su caballo ricamente enjaezado y sus armas; Guillermo de la Torre una pieza de tierra que de son héritage, terres, montagnes, vignes, rentes et dépendances présentes et futures.

En 1177, Guillaume de la Garde fit don d'un lot de terrain situé sur le territoire du Bruch, près du torrent *Moxeringues*. En 1189, le nommé Sondredo offrit plusieurs pièces de terres, des maisons et des jardins, situés sur le territoire de Bages, canton de Saint-Fructuoso.

En 1197, le vicomte de Beses fit donation à la Vierge de l'église de Saint-Jacques d'Olivars.

Les précieuses archives du sanctuaire de Montserrat ayant été détruites par un incendie en 1811, il est impossible de reproduire la liste de tous les personnages illustres qui ont fait partie de la Pontificale et Royale Confrérie de Notre Dame de Montserrat, connue et devenue fameuse depuis l'an 1200, époque à laquelle y paraissent inscrits les princes Don Pierre et Doña Eléonore d'Aragon, l'archevêque de Tarragone, Don Pierre de Rocaberti et Don Raymond de Berga, abbé de Ripoll. Les papes, les rois et les princes de tous les pays considérèrent comme un honneur depuis cette époque d'appartenir à cette confrérie. On croit qu'elle fut fondée en 1115, mais que son développement ne commença qu'en 1191.

En 1200, Raymond de Castell-Aulí fit don de deux maisons de campagne situées à Jorba et à Saint-Génis; Raymond de Cervera fit don d'un hameau connu sous le nom de Vilavilella de Castellfollit.

En 1202, Doña Erminlinde et ses enfants firent donation de quelques pièces de terres, avec vignes, maisons, jardins potagers et autres dépendances, situées près de Saint-Pierre de Riudevitlles. Ponce de Foix donna le tiers des rentes que lui produisait sa campagne dite d'Almanya, à Castellet.

En 1204, Guillaume Gaufroid fit donation du franc-alleu de son domaine du Vilar, dans le canton d'Odena.

En 1205, Raymond de la Garde fit donation des domaines dépendant autrefois du *mas* (maison de campagne) Mitjans, dans la commune d'Esparraguera.

En 1206, Pierre Biosca et Raymond Boixadés firent donation du *mas* Bosch et de ses dépendances, sous forme de rente perpétuelle et héréditaire, dans le canton du Château de la Molsosa.

En 1211, Gérard Alemany fit don de ses rentes et droits provenant du *mas* Ortés, dans le canton de Copons.

poseía en Monistrol; y Beltrán, señor de la baronía de Castellvell, las *reclosas* ó presas en el rio Llobregat para construir los molinos de Monistrol.

Jaime I el Conquistador y más tarde los Reyes Católicos, concedieron que el monasterio de Montserrat fuese perpetuamente inmune de tributos y contribuciones, fueros que se vieron ratificados y aumentados con nuevas donaciones por el infante Don Pedro, por Don Jaime II y Don Alfonso III, en lo restante de los siglos XIII y XIV.

En 1224, Arnaldo de Caldés dió una gran pieza de terreno en la parroquia de Santa María; Guillermo Oliveres, el Mas Oliveres, en el término de Rajadell, y Ponce de Rajadell, una pieza de tierra y la torre de Rajadell.

En 1226, Bernardo de Cirarias y su mujer dieron la señoria de los mansos Colomer de Pierola y Bisbal de Piera.

En el año 1227, don Alberto de la Guardia y don Berenguer, su hijo, dieron la masía del Mas de Olán, en el término del Bruch.

En 1228, Guillermo de Montserrat y su hijo dieron el castillo llamado Castellnou de la Marca y todo su término en Sagarra; Pedro de Esparraguera dió la señoria directa de Cheruzes, término de Pierola; Arnaldo de Montserrat, hijo del señor del castillo de Collbató, dió una pieza de tierra en el lugar llamado el Viver, y Guillermo de Claramunt dió el Mas Vilardell y otros, en Esparraguera.

En el año 1230, Pedro de Albarells dió los diezmos de Castellnou de la Marca. En 1231, Pedro Senando dió algunos molinos de trigo en San Pedro de Molanta, y Guillermo de Cursis donó el Mas de Zapata, en el término de Odena.

En 1233, Guillermo Folch, vizconde de Cardona, dió algunas masías en el término de San Cristóbal de Toses.

En el año 1235, Berenguer Guardiola dió el Mas Quiraters, en el término de La Guardia.

En 1239, Berenguer de Cervera dió el Mas de Pedro Bonet, en La Guardia, con todos los juros y pertenencias.

En el año 1240, Arnaldo Carrario dió el Mas Noguer, en el término del Bruch.

En 1241, Gerardo de la Vid dió el Mas Muriers, en el término de la Vid.

En 1248, doña Sibila de Cardona dió el Mas Verdegat, en el término de.

En 1212, Gérard Adalsarts fit donation d'une vigne, située dans la commune de Clariana.

En 1213, Bernard Arnauld fit donation d'une maison et de ses biens à Manresa; Guillaume de la Garde donna le *mas* Subirats, situé dans la commune du Bruch.

Vers 1220, Guillaume de la Garde offrit les châteaux qu'il possédait dans les communes du Bruch et de la Garde; en 1223, Don Guillaume, évêque de Vich, fit donation du hameau du *mas* Baró, dans le canton de Piérola.

A la même époque, Don Raymond de Cardona donna 500 *sueldos* (sous), son cheval richement harnaché et ses armes; Guillaume de la Tour céda une pièce de terre qu'il possédait à Monistrol; Bertrand, seigneur de la baronnie de Castellvell, fit donation des *reclosas* (écluses) ou prises d'eau sur le Llobregat pour construire les moulins de Monistrol.

Jacques Iᵉʳ, le *Conquérant*, et, plus tard, les Rois Catholiques, dispensèrent à perpétuité le monastère de Montserrat de tous tributs et contributions, privilèges qui furent ratifiés et augmentés de nouvelles donations par l'infant Don Pierre, par Jacques II et par Alphonse III, au XIIIᵉ et XIVᵉ siècles.

En 1224, Arnauld de Caldés fit don d'une grande pièce de terre de la paroisse de Sainte-Marie; Guillaume Oliverès donna le *mas* Oliverès, sur le territoire de Rajadell, et Ponce de Rajadell, une pièce de terre et la tour de Rajadell.

En 1226, Bernard de Cirarias et sa femme firent donation de leurs droits seigneuriaux sur les domaines de Colomer de Piérola et Bisbal de Piéra.

En 1227, Don Albert de la Garde et Don Bérenguer, son fils, firent donation d'une maison de campagne dépendant du domaine d'Olan, dans la commune du Bruch.

En 1228, Guillaume de Montserrat et son fils donnèrent le château dénommé Castellnou (château Neuf) de la Marca et toutes ses terres à Sagarra; Pierre d'Esparraguera céda ses droits seigneuriaux sur Chéruzes, canton de Piérola; Arnauld de Montserrat, fils du seigneur du château de Collbató, fit don d'une pièce de terre, au lieu dit le Viver, et Guillaume de Claramunt donna le domaine de Vilardell et d'autres qu'il possédait à Esparraguera.

En 1230, Pierre d'Albarells céda les dîmes de Castellnou de la Marca.

En 1231, Pierre Senando fit donation de quelques moulins situés à Saint-

San Quintín, y doña Elizenda de Folch dió el Mas Vallsolá, en el término de Gravalosa.

En el año 1249, Berenguer de la Guardia dió los diezmos del Bruch y Vilaclara; el vizconde de Cardoña, los mansos Juncosa y Satorra, en el término de Jorba; Ramón de Castell-Aulí, la masía llamada Fontoriola, en el mismo término, y Berenguer Bonjur, tres masías en el término de Jorba.

En 1251, Ponce de Montlleu dió la mayor parte de los castillos de Carbesi y Narsi, en la Segarra, y Bernardo de Albarells, el castillo y terrenos de Albarells, en el mismo término, y los censos que tenía en Jorba y en el Bruch.

En el año 1252, Ramón de Valtraria dió una casa y heredad llamada Manso Torrents.

En 1254, Raimundo de Rajadell dió la masía llamada Casal del Aguila, en el término de Balsareny, y Guillermo dió el manso Llacuna, en el término del Bruch.

En 1255, doña Inés de Cervera dió la masía de Raimundo Sangila, en Castellfollit.

En 1260, Berenguer de Montserrat, señor del castillo de Collbató, dió la masía de Seisforts.

En el año 1263, Guillermo de Orpi dió la cuadra y castillo de Ronas.

En 1264, don Ramón de Cardona dió una casa en Esparraguera, y en 1267, don Berenguer de Cardona dió el manso de Janer.

En el año 1272, Guillermo Emmatller dió los réditos y derechos que tenía en los mansos de Cubells, Juncosa, Jordá y Muradas.

En 1275, Guillermo Castellet dió tres masías en el término de Vacarisas, y Guillermo Corts de Piera, los mansos Torrent, d'en Pont, Canamer y algunas posesiones y casas en Masquefa.

En el año 1297, Guillermo Polit dió una viña en la cuadra de Estadella, en el término de Montlloch.

En 1302, Don Jaime II de Aragón dotó, para que siempre ardiesen delante de la Virgen, cuatro cirios de cera blanca de cien libras cada uno.

En 1320, doña Guillerma de Castellvell dió masías en el término de Vallmoll y la cuadra de Vilabella.

Y así sucesivamente, las donaciones y obsequios á la milagrosa Virgen se suceden y se multiplican siempre.

Pierre de Molanda; Guillaume de Cursis donna le *mas* de Zapata, commune d'Odena.

En 1233, Guillaume Folch, vicomte de Cardona, céda quelques domaines qu'il possédait dans le canton de Saint-Christophe de Toses.

En 1235, Bérenguer Guardiola fit donation du domaine de Quiraters, commune de la Guardia.

En 1239, Bérenguer de Cervera donna le domaine de Pierre Bonet, à la Guardia, avec franc-alleu et dépendances.

En 1240, Arnauld Carrarió donna le *mas* Noguer, commune du Bruch.

En 1240, Gérard de la Vigne donna le *mas* Muriers, territoire de la Vid.

En 1248, Doña Sibila de Cardona fit donation du *mas* Verdagas, commune de Saint-Quentin; Doña Elizenda de Folch fit don du *mas* Vellsola, canton de Gravalosa.

En 1249, Bérenguer de la Garde fit don des dîmes du Bruch et de Vilaclara; le vicomte de Cardona, fit donation des domaines de Juncosa et de Satorra, dans la commune de Jorba; Raymond de Castell-Aulí donna le domaine de Fontoriola, dans la même commune; Bérenguer Bonjur donna trois maisons de campagne, situées sur le territoire de Jorba.

En 1251, Ponce de Montlleu fit don de la majeure partie des châteaux de Carbesi et Narsi de la Sagrera, et Bernard de Albarells, du château et du territoire d'Albarells, commune de la Sagrera; ce dernier céda aussi les redevances auxquelles il avait droit sur diverses terres de Jorba et du Bruch.

En 1252, Raymond de Valtraria fit donation d'une maison et de ses terres connues sous le nom de *manso Torrents*.

En 1254, Raymond de Rajadell fit don du domaine Casal d'Aguila, situé sur le territoire de Belsareny; Guillaume donna le domaine de Llacuna, commune du Bruch.

En 1255, Doña Ignès de Cervera donna le domaine de Raymond Sangila, commune de Castellfollit.

En 1260, Bérenguer de Montserrat, seigneur du château de Collbató, donna le domaine de Seisforts.

En 1263, Guillaume de Orpi donna le hameau et le château de Bonas.

En 1264, Don Raymond de Cardona donna une maison située à Esparraguera; en 1267, Don Bérenguer de Cardona fit don du domaine de Janer.

En 1341 se colocó el reloj del campanario, pudiendo éste ser considerado uno de los primeros que existieron en tan remotas fechas.

Uno de los hechos memorables del citado año es la visita de Pedro IV, antes de emprender la conquista de Mallorca.

En el año 1372, Guillermo de Fort, señor del castillo y término de Collbató y de la cuadra, hizo donación de todo, y además de la plena jurisdicción civil y señoría, y Bernardo de la Horta ofreció á Nuestra Señora una lámpara de plata, con su dotación correspondiente.

En 1392, siendo prior el padre Ribas, se ordenó la construcción del célebre refectorio, el *Real*.

En 1410, siendo prior del Monasterio fray Marcos de Villalba, el papa Luna Benedicto XIII concedió á este Santuario pudiese hacer cuestaciones, y que los obispos no pudiesen pedir más de un florin por las licencias. En este mismo año, el referido Papa separó de Ripoll á este Monasterio, lo sujetó inmediatamente á la Santa Sede, lo erigió en Abadia y dió á sus abades la jurisdicción casi episcopal.

En el año 1418, el mismo Papa, sujetó el monasterio de Santa Cecilia y sus anexos al abad de Montserrat para que en ellos ejerciese su jurisdicción episcopal, privilegios que fueron después confirmados y ratificados por los pontífices Martin V y Eugenio IV.

Viéndose el primer abad Marcos de Villalba libre de toda dependencia y ansiando dar más realce al culto, concibió el plan de construir un nuevo claustro. Desmontó una porción de terreno: con las rocas que arrancó, llenó el barranco; calcó sobre él los cimientos, y sorprendió á los hombres de mayor ingenio con el claustro bizantino que levantó en lo que hoy es plaza y del que se conservan restos en el trozo de edificio llamado *Torra*, en el extremo de la misma.

En 1419, Benedicto XIII concedió á este Santuario la facultad de absolver á los que le visitasen, de todos los casos reservados, á excepción de los incendiarios, sacrílegos y violadores de monjas.

En 1429, un legado del mismo Papa, pasando por este Santuario, lo facultó para que sus *Plegadors* (cuestores), pudiesen pedir limosna sin licencia alguna de los Ordinarios.

Cuando en 1470 el papa Paulo II vistió la púrpura cardenalicia á Juliano de la Róvere, que en 1503 fué electo Sumo Pontífice con el nombre de Julio II, le

En 1272, Guillaume Emmatller céda les redevances et les droits qu'il avait sur les domaines de Cubells, Juncosa, Jorda et Muradas.

En 1275, Guillaume Castellet céda trois maisons de campagne sur le territoire de Vacarisas; Guillaume Corts de Piéra donna les domaines Torrent, d'en Pont, Canamer et d'autres terres et maisons qu'il possédait à Masquefa.

En 1297, Guillaume Polit céda une vigne qu'il avait au hameau d'Estadella, canton de Montlloch.

En 1302, Don Jacques II d'Aragon dota à perpétuité quatre cierges de cire blanche du poids de cents livres chacun qui brûlent devant de la Vierge.

En 1320, Doña Guillelmine de Castellvell fit donation de divers domaines qu'elle possédait à Vallmoll et hameau de Vilabella.

Les donations et les cadeaux à la miraculeuse Vierge se succédèrent et multiplièrent à l'infini.

En 1341 fut placée l'horloge du clocher, que l'on peut considérer comme une des premières horloges ayant existé à une époque aussi reculée.

Un des faits mémorables est la visite de Pierre IV au monastère, avant d'entreprendre la conquête de Majorque la même année.

En 1372, Guillaume de Fort, seigneur du Château et du territoire de Collbató et du hameau, fit donation du tout, et, en outre, de ses droits civils et seigneuriaux; Bernard d'Horta offrit à Notre-Dame une lampe en argent et une rente pour son entretien.

En 1392, alors que le Père Ribas était prieur du monastère, fut ordonnée la construction du célèbre réfectoire, connu sous le nom de réfectoire *Royal*.

En 1410, fray Marcos de Villalba étant prieur du monastère, le pape Luna Bénédict XIII concéda à ce sanctuaire la permission de faire des quêtes et le privilège de n'avoir à satisfaire aux évêques qu'un florin, au minimum, comme droits de licences. A cette même époque, ledit pape sépara Ripoll de ce monastère, et plaça ce dernier sous la dépendance directe du Saint-Siège; il l'érigea en même temps en abbaye et octroya à ses abbés une juridiction presque épiscopale.

En 1418, le même pape assujettit à l'abbé de Montserrat le monastère de Sainte-Cécile et ses annexes sur lesquels il pouvait exercer sa juridiction épiscopale. Ces privilèges lui furent confirmés et ratifiés plus tard par les pontifes Martin V et Eugène IV.

dió también la abadía de Montserrat, porque era inmediata á la Silla Apostólica, y se sabía que era claustral y perpetua y que tenía partida la renta de convento con el abad y los oficiales.

No habían pasado cuarenta años desde que el abad Villalba había levantado el claustro bizantino, cuando el abad de la Róvere ya se veía en la necesidad de levantar otro gótico, cuya construcción se contrató en 20 de Septiembre de 1416, por el precio de 8,000 reales, y del cual existe hoy un paño entero. Con gran solemnidad se inauguraron las obras de este claustro, cuya primera piedra colocaron los Reyes Católicos en 5 de Octubre de 1489, mandando asimismo levantar los planos de un gran monasterio que reuniese las condiciones de tal, hospedería y enfermería, y diese lugar á que, sin perjuicio alguno, pudiesen hacerse desaparecer todos los antiguos y feos edificios entonces existentes.

Era el año 1489 cuando se dió principio á las obras preparatorias, y algunos años después, cuando la fábrica empezaba á surgir majestuosa como obra regia, cuando ya se había logrado colocar lo que debía ser su pavimento al nivel de la primitiva iglesia, dispuso Dios que tan celosos príncipes fuesen á recibir, como piadosamente debemos creer, el premio de su empezada obra, en 1505 Doña Isabel, y en 1516 Don Fernando.

Quedó la grandiosa fábrica en embrión y como abandonada, por carecer el Monasterio de fondos para proseguirla, hasta el 1560, en que se le dió nuevo impulso.

Deseando los Reyes Católicos realzar el crédito, el culto y aun la estima del santuario de Montserrat, y comprendiendo que este progreso no podía menos de ser lento si una mano poderosa é inflexible no lo llevaba adelante, creyeron que el único medio era desmembrarlo de la Congregación claustral Tarraconense y unirlo á la de Valladolid. Comunicaron su pensamiento al Papa, quien accedió gustoso á la súplica que sobre el particular le dirigieron. Expidió la Bula Alejandro VI en 19 de Abril de 1492, y el 2 de Junio de 1493, tomó posesión del Monasterio aquella congregación.

«Fué ventura de Montserrat y aun de toda la congregación — dice Yepes — que Fr. García de Cisneros aceptase el cargo de abad, porque se dió tal cobro y maña en la administración de la abadía, que de una casa mediana la hizo subir á que fuese una de las grandes y más principales que hay en España y aun en Europa.»

Le premier abbé, Marcos de Villalba, se voyant libre de toute dépendance et désirant donner plus d'éclat au culte, conçut le plan de construire un nouveau cloître. Il déblaya un morceau de terrain et, avec les rochers qu'il enleva, combla le ravin sur lequel il jeta les fondations, surprenant de la sorte les hommes de plus grand génie qui admirèrent le cloître byzantin qu'il éleva à l'endroit où se trouve aujourd'hui la Place. On conserve les restes de ce cloître dans la partie de l'édifice dénommée *Torre* (tour), à l'extrémité de la Place.

En 1419, Bénédict XIII concéda à ce sanctuaire la faculté d'absoudre tous ceux qui le visiteraient, sauf les incendiaires, les sacrilèges et les violateurs de religieuses.

En 1429, un légat de ce même pape, passant par ce sanctuaire, octroya à ses *plegadors* (quêteurs) la faculté de demander l'aumône sans permission aucune des Ordinaires.

En 1470, lorsque le pape Paul II concéda le cardinalat à Julien de la Róvere qui fut élu souverain pontife, en 1503, sous le nom de Jules II, il le nomma aussi abbé de Montserrat, cette abbaye équivalant á un siège apostolique. L'abbaye de Montserrat était claustrale et perpétuelle; la rente du convent était partagée entre l'abbé et les officiers.

Quarante ans ne s'étaient encore écoulés depuis que l'abbé Villalba avait élevé le cloître byzantin, que l'abbé de la Róvere se voyait dans la nécessité d'en élever un autre gothique, dont la construction fut contractée le 20 septembre 1476 au prix de 8.000 réaux. Un morceau entier de ce cloître existe encore de nos jours. Les travaux de construction furent inaugurés par la pose de la première pierre, le 5 octobre 1489. L'abbé fit dresser en même temps les plans d'un grand monastère, avec bureau, auberge, infirmerie, permettant, sans aucun préjudice, de faire disparaître les vieux et vilains bâtiments qui existaient alors.

En 1489 commencèrent les travaux préparatoires; quelques années plus tard, lorsque la construction, œuvre de rois, commençant à surgir majestueuse eut atteint le niveau de l'église primitive, et que l'on fut parvenu à placer ce qui devait lui servir de pavé, Dieu disposa que des princes aussi zélés allassent y recevoir, ainsi que nous devons pieusement le croire, la récompense de l'œuvre qu'ils avaient commencée Doña Isabelle en 1505 et Don Fernand en 1516.

En efecto, este abad insigne desarrolló en poco tiempo el plan de la restauración, que fué llevado á cabo franca y decididamente.

Distribuyó desde luego el personal en cuatro clases y á cada una señaló sus respectivas obediencias; dotólas con sabias leyes y de su observancia resultó una harmonía perfecta, porque siendo obra de la caridad, todo fué gobernado por ella.

El mismo abad Cisneros fué quien reglamentó la Escolanía, haciendo construir en la parte del Este del Monasterio, y totalmente independiente de aquél, el precioso edificio Conservatorio, que subsistió hasta 1811, que la invasión francesa lo destruyó, perdiéndose devorado por las llamas, no sólo el citado monumento de arte, si que también su biblioteca de música, la más rica, numerosa y antigua de Europa, no sólo por las composiciones, sino por las copias de los mejores autores, especialmente de la Capilla Sixtina, porque estaban facultados los maestros de Montserrat por los Sumos Pontífices, para sacar copias de la música de dicha capilla (1).

En 1504, el papa Julio II concedió la venta de vituallas, imágenes, medallas, etcétera, permitiendo se lucrase en ello, en beneficio del Monasterio.

En 1506, don Berenguer de Rivellas legó la baronía de Artesa, y don Enrique Enríquez, tío del rey Don Fernando II, ofreció á Nuestra Señora una lámpara de plata, de peso de 6 marcos, y la dotó en 33 libras anuales, moneda barcelonesa. En 1512, por renuncia del P. Fr. Pedro Muñoz, fué elegido abad Fr. Pedro de Burgos.

«Su memoria y nombre será eterno en aquella casa — dice el maestro Argaiz — porque dejó en ella insignes obras, cuales fueron: acabó el dormitorio y refectorio de los monjes; hizo la cisterna del convento; levantó en la montaña las ermitas de San Benito y San Onofre; dió más capacidad á la capilla de Nuestra Señora y comenzó la pintura del retablo del altar mayor.»

Como recuerdo de la estancia de Íñigo (San Ignacio de Loyola) en 24 de Marzo de 1522, se halla empotrada en el pasadizo del Claustro nuevo una lápida

(1) El 15 de Marzo de 1818 volvió á reformarse la Escolanía, que se dispersó á fines de 1822; y en 12 de Junio de 1824 volvió á formarse, hasta que en 1834 tuvo que dispersarse otra vez, hasta el 8 de Septiembre de 1844, en que volvió á reunirse.

Los escolares no deben tener menos de ocho años ni más de diez, y son en número de treinta.

La grandiose construction resta en embryon et comme abandonnée, le monastère manquant de fonds pour continuer les travaux jusqu'en 1560, époque à laquelle on lui donna une nouvelle destination. Les Rois Catholiques désirant rehausser le crédit, le culte et la renommée du sanctuaire de Montserrat, et comprenant que ce progrès ne pouvait se réaliser qu'avec lenteur si une main puissante et inflexible ne l'entreprenait, pensèrent que le seul moyen de réussir était d'en séparer la Congrégation claustrale tarragonaise et d'y associer la Congrégation claustrale de Valladolid. Les rois firent part de leur pensée au pape, qui consentit avec plaisir à la demande qui lui fut adressée à cet effet. Alexandre IV dicta la Bulle le 19 avril 1492, et, le 2 juin 1493, cette Congrégation prit possession du monastère.

« Ce fut un bonheur pour Montserrat et même pour toute la Congrégation (dit Yepes), que Fr. Garcia de Cisneros acceptât la charge d'abbé (an 1493), car il fit tant et tant dans l'administration de l'abbaye, que d'une Maison ordinaire elle devint une des plus grandes et des principales d'Espagne et même d'Europe.»

En effet, cet abbé illustre développa en peu de temps le plan de toute la restauration, qui fut exécutée avec une activité sans égale.

Il partagea tout d'abord le personnel en quatre catégories et dicta à chacune d'elles les devoirs qu'elle avait à remplir; il les dota de sages lois, œuvres de charité, qui gouvernèrent tout, et dont l'observance fut parfaite.

Ce fut ce même abbé Cisneros qui réglementa la escolania (école d'enfants de chœur) et fit construire dans la partie Est du Monastère, absolument indépendant de celui-ci, le précieux Conservatoire qui subsista jusqu'en 1811, époque à laquelle il fut détruit par les français envahisseurs. Les flammes dévorèrent non seulement ce monument d'art, mais aussi sa bibliothèque de musique, la plus riche, la plus nombreuse et la plus ancienne de l'Europe. A part les compositions originales on y trouvait les copies des meilleurs auteurs, spécialement de la chapelle sixtine, les professeurs de Montserrat ayant obtenu des souverains pontifes l'autorisation de prendre copie de la musique de cette chapelle (1).

(1) Le 15 mars 1818 on créa de nouveau la Escolania, qui fut dispersée vers la fin de l'année 1822. Le 12 juin 1824, cette école fut de nouveau réorganisée, mais elle dut se disperser encore en 1834. Elle fut rétablie le 8 septembre 1844.

Les enfants de chœur (escolanes) ne doivent avoir moins de huit ans ni plus de dix. Ils sont au nombre de trente.

que en 1603 hizo colocar el abad Nieto, señalando· el sitio en que estuvo emplazada la pilastra donde colgó sus armas el insigne y santo varón.

El año 1533 cuenta dos efemérides notables entre las innumerables que podríamos citar y que vamos sólo apuntando en gracia á la brevedad de esta cronología. La fiesta del *Corpus*, que se celebró en 11 de Junio, se vió honrada con la presencia del emperador Carlos V, que asistió á la procesión vela en mano.

En 16 de Agosto visitaron el Monasterio, haciendo espléndidos regalos á la comunidad, el duque de Gandía (San Francisco de Borja) con su señora, doña Leonor de Castro, y con la emperatriz Isabel.

En 17 de Julio de 1539, el antiguo monasterio de monjes Benedictinos de Santa Cecilia pasó á la jurisdicción del de Montserrat, y en su virtud, desde aquella fecha dependieron del mismo las iglesias de Marganell, Matadás, Ambigams, Santa María del Camí y el priorato de Paganell, con los censos y censales de Manresa, Salellas, Tarrasa, Piera, Pierola, Vallformosa, Olérdola, Santa Muria de Camps, Castelltallat, San Mateo, Fonollosa, Campins, Folgás, Palautordera y Riells.

Hasta el año 1559, en que tomó posesión de la dignidad abacial Fr. Bartolomé Garriga, de grata memoria, visitaron este santo Monasterio, dejando todos recuerdo de su estancia con espléndidas donaciones, Felipe II con el cardenal Trento y los grandes de las Cortes Catalanas y de Castilla, en 10 de Octubre de 1548, antes de emprender el viaje á Alemania; y el emperador Maximiliano y su mujer, en 24 de Agosto de 1551.

En este año y con fecha 23 de Marzo, se empezó la construcción de la torre campanario.

Confiado por sus padres, pobres labriegos, siendo aún muy niño en manos del abad, entre aquellas montañas creció y aprendió á sentir y á creer Bartolomé Garriga, destinado á ser más tarde espejo de los abades del Monasterio. Entró en la escolanía en 1511, y fué nombrado abad en 1559.

Apenas había tomado las riendas del gobierno de Montserrat y había podido enterarse de todos los ramos y de los recursos con que podía contar, cuando ya se estaba ocupando en el proyecto de una iglesia digna de la Madre de Dios, que era su sueño dorado.

Contemplaba los cimientos del gran monasterio ideado por los Reyes

En 1504, le pape Jules II permit la vente de victuailles, images, medailles, etc., au bénéfice du monastère.

En 1506, Don Bérenguer de Rivellas léga la baronnie d'Artesa et Don Henri Enriquéz, oncle du roi Don Fernand II, offrit à Notre Dame une lampe en argent du poids de six marks, avec une rente annuelle de 33 livres barcelonaises. En 1512, le P. Fr. Pierre Muñoz ayant démissionné, Fr. Pierre de Burgos fut élu abbé.

« Sa mémoire et son nom seront éternels dans cette maison — dit maître Argaiz—car il y fit exécuter des travaux remarquables. Il fit achever le dortoir et le réfectoire des moines, construire la citerne du couvent et élever sur la montagne les ermitages de Saint-Benoît et Saint-Onofre; il donna plus d'ampleur à la chapelle de Notre Dame et commença la peinture du retable de l'autel majeur. »

En souvenir du séjour d'Iñigo (Saint-Ignace de Loyola) le 24 mars 1522, se trouve enchâssée dans le couloir du nouveau cloître une pierre commémorative qu'y fit placer l'abbé Nieto en 1603, indiquant ainsi l'endroit où se trouvait le pilier auquel pendit ses armes le saint homme.

L'anné 1533 renferme deux éphémérides remarquables parmi les innombrables que nous pourrions relater et que nous ne faisons que citer en passant, eu égard à la briéveté·de cette chronologie. La fête-Dieu célébrée le 11·juin fut honorée de la présence de l'empereur Charles V qui assista à la procession, un cierge à la main. Le 16 août le monastère fut visité par le duc de Gandia (Saint-François de Borja) et son épouse Doña Eléonore de Castro et par l'Impératrice Isabelle, qui firent de splendides cadeaux à la Communauté.

Le 17 juillet 1539 l'ancien monastère des moines bénédictins de Sainte-Cécile fut soumis à la juridiction du monastère de Montserrat, et c'est en vertu de ce fait que depuis cette époque dépendent de Montserrat les églises de Marganell, Matadás, Ambigams, Sainte-Marie du Chemin et le Prieuré de Paganell, avec les redevances des églises de Manresa, Salellas, Tarrasa, Piéra, Piérola, Vallformosa, Olérdola, Sainte-Marie de Camps, Castelltallat, San Mateo, Fonollosa, Campins, Folgas, Palantordera et Riells.

Jusqu'en 1559, époque à laquelle Fr. Barthélemy Garriga, d'heureuse mémoire, prit possession de la dignité d'abbé, ce saint monastère reçut la visite des personnages suivants qui tous firent de superbes dons en souvenir de leur

Católicos, y le parecieron dispuestos providencialmente para la grande obra que proyectaba. En su entusiasmo por la gloria de María: — *No*, — exclamaba, — *no consentiré que se levante un magnífico edificio para los ministros de la Reina, antes que para Ella.*

Y lleno de aquella fe que traslada los montes, para la que no hay dificultad que no se venza, dió principio á la iglesia actual, con el presentimiento de que la Señora que le había sugerido los deseos y le había elegido desde su infancia, le facilitaría los medios para llevar á cabo una obra tan grandiosa, emprendiendo una cuestación general por todo el Principado y extendiéndola después por todas las provincias de España.

Comprendió cuán delicado era este medio y á cuántos fraudes y compromisos podía prestarse, y para abreviarlos y legalizarlo todo bajo una organización que no dejara que desear, elevó sus preces á la santidad de Pío IV y al rey Felipe II.

Obtenida por diez años la venia y privilegios de ambas potestades, dispuso las cuestaciones y dió principio á tan gigantesca obra en 1560, concluyéndose en 1592, bastando treinta y dos años de continuos desvelos é incalculables despensas (más de doscientos mil ducados) para dar al Monasterio y á los devotos el templo concluido en su generalidad, si bien faltaba el revoque, que se realizó en ocho años y costó 150,000 libras barcelonesas, y los retablos, adornos, etc., en que se invirtieron otras 50,000 libras, trabajando de continuo de ciento á ciento veinte hombres, doce acémilas y diez bueyes de carretera.

Durante los treinta y dos años que se emplearon en la construcción del templo, en 1561 se obtuvo de Pío IV un jubileo plenísimo para los que dieren limosna para la continuación de las obras; en 1571 fueron éstas visitadas por Don Juan de Austria á su regreso á España, después de la famosa batalla de Lepanto, y en 1577, Gregorio XIII privilegió *in perpetuum* el altar de Nuestra Señora, facultando á todos los sacerdotes, seculares y regulares, para sacar un alma del Purgatorio á cada misa que en él celebrasen.

En 21 de Julio fué nombrado abad el padre Salinas, que fué quien terminó el templo.

Concluidas las obras, faltaba sólo á éste la parte ornamental, que tuvo feliz término, gracias al entusiasmo y devoción de Felipe II, que encargó la construcción del altar al escultor Esteban Jordá, de Valladolid, mandando al

séjour: Philipe II, le cardinal Trente et les grands des *Cortès* catalanes et de Castille, le 10 octobre 1548, avant d'entreprendre leur voyage en Allemagne; l'empereur Maximilien et son épouse, le 24 août 1551.

C'est le 23 mars de cette dernière année que commença la construction de la tour des cloches.

Barthélemy Garriga, enfant, fut confié par ses parents, de pauvres paysans, à l'abbé du monastère, et c'est en pleine montagne de Montserrat que grandit et apprit à penser et à croire, celui qui devait devenir le modèle des abbés du monastère. Il entra à l'école des enfants de chœur (escolania) en 1511, et fut nommé abbé en 1559.

A peine avait-il pris les rênes du gouvernement du monastère de Montserrat et avait-il pu se mettre au courant de toutes les branches et de tous les recours sur lesquels il pouvait compter, qu'il s'occupait déjà du projet d'une église digne de la Mère de Dieu, ce qui était son rêve doré.

Il contemplait les fondations du grand monastère projeté par les Rois Catholiques et elles lui parurent avoir été providentiellement disposées pour la réalisation de ses désirs.

Dans son enthousiasme pour la gloire de la Vierge Marie, il s'écriait: *Non, je ne consentirai pas à ce qu'on élève un magnifique édifice pour les ministres de la Reine, avant qu'on en ait érigé un pour Elle.*

Plein de cette foi qui transporte les montagnes, pour laquelle aucune difficulté n'est insurmontable, il commença la construction de l'église actuelle, convaincu que la Vierge qui lui avait suggéré une telle pensée et qui l'avait élevé depuis son enfance, lui fournirait les moyens de mener à bien sa grandiose entreprise. Il fit une collecte générale dans toute la Principauté, puis dans toutes les provinces d'Espagne.

Mais il comprit combien ce moyen d'obtenir des fonds était délicat et à combien de fraudes et de compromis il pouvait se prêter, et, pour les éviter et tout légaliser par une organisation ne laissant rien à désirer, il s'adressa à Sa Sainteté Pie IV et au roi Philippe II.

Ayant obtenu, pour dix ans, de ces deux pouvoirs, la permission et les privilèges qu'il sollicitait, il organisa les *cuestaciones* (collectes) et commença en 1560 l'œuvre gigantesque qui prit fin en 1592. Trente deux ans de soins continuels et de dépenses incalculables (plus de 200,000 ducats), suffirent pour

pintor Francisco López, que lo pintó y doró en dos años, y al escultor Cristóbal de Salamanca, que construyó las sillerías del coro, regalos que costaron al magnánimo rey más de 15,000 ducados.

Inauguróse el nuevo templo con inusitada pompa en 11 de Julio de 1599, hallándose presentes el rey Felipe III y su corte, el Nuncio de Su Santidad, todos los obispos de Cataluña, autoridades, clero, y un concurso numeroso de devotos. Por la mañana, el rey y sus cortesanos recibieron los Santos Sacramentos y asistieron á los divinos Oficios, celebrados con la mayor solemnidad. Luego, cerrada la iglesia, tres monjes bajaron la Santa Imagen, ataviándola con los mejores adornos y la dejaron sobre el altar. Después de *Vísperas*, á las que no faltó el rey, se ordenó una procesión, cerrándola el abad fray Joaquín Bonanat, el rey con hacha y toda su corte. Entrados en el templo nuevo cantando un solemne *Te Deum*, dos monjes con alba y estola subieron la Santa Imagen á su camarin, por unas gradas puestas delante del altar.

Cuentan que Felipe III, recorriendo la montaña acompañado de su corte, al llegar á la ermita de San Juan, quiso comer en la mesa del ermitaño y compartir con éste su frugal desayuno.

Durante el siglo XVI visitaron también el Monasterio, además de los santos y reyes que hemos mencionado, en 1540, el beato Salvador de Horta; en 1564, Felipe I; en 1568, el emperador Rodolfo y su hermano Ernesto, con el cardenal Augusto; en 1582, San Luis Gonzaga y la emperatriz María, viuda de Maximiliano, con su hija Margarita; en 1586, San José de Calasanz, y en 1587, el beato Labré y Raimundo Lulio.

Durante el siglo XVII, se significan muy especialmente Felipe IV, que visitó dos veces el Monasterio, dejando en recuerdo de su estancia espléndidos regalos.

En 22 de Diciembre de 1602, los archiduques de Austria regalan una lámpara de plata, de coste 4,500 ducados.

En 20 de Agosto de 1609 se colocó en la iglesia la verja que separa el presbiterio.

En 31 de Diciembre de 1631, la marquesa de Tamarit cede un relicario de Santas Espinas, que contenía trescientos treinta y dos diamantes.

En 13 de Octubre de 1653, Juan de Austria prestó ante la imagen de la Purísima el siguiente juramento:

donner au monastère et aux fidèles le temple presque entièrement achevé. Il n'y manquait que le revêtement qui se fit en huit ans et coûta 150,000 livres barcelonaises et les retables et ornements, etc., qui coûtèrent 50,000 livres. Cent à cent vingt hommes, douze sommiers et dix bœufs de charrette y travaillèrent continuellement.

Au cours des trente-deux ans qu'on employa à la construction du temple, on obtint de Pie IV, en 1561, un Jubilé pleinier en faveur de ceux qui feraient des aumônes au profit des travaux; en 1571 ceux-ci furent visités par Don Jean d'Autriche à son retour en Espagne, après la fameuse bataille de Lépante. En 1577, Grégoire XIII, concéda un privilège *in perpetuum* à l'autel de Notre Dame, tous les prêtres, séculiers et réguliers, jouissent de la faculté de tirer une âme du Purgatoire, à chaque messe qu'ils célébraient.

Le 21 juillet, le P. Salonas fut nommé abbé. Ce fut lui qui termina le temple.

Une fois les travaux finis, il manquait seulement à celui-ci la partie ornementale, qui fut terminée grâce à l'enthousiasme et à la dévotion de Philippe II, qui confia la construction de l'autel au sculpteur Etienne Jorda de Valladolid. Le magnanime monarque fit des cadeaux dont la valeur s'élevait à plus de 15,000 ducats, au peintre François López qui peignit et dora l'autel en deux ans, et au sculpteur Cristophe de Salámanca qui construisit les stalles du chœur.

Le nouveau temple fut inauguré avec une pompe inusitée, le 11 juillet 1599, en présence du roi Philippe III et de sa cour, du Nonce de Sa Sainteté, de tous les évêques de Catalogne, des autorités, du clergé et d'une nombreuse affluence de fidèles. Le matin le roi et ses courtisans reçurent les Saints-Sacrements et assistèrent aux divins offices qui furent célébrés avec la plus grande solemnité. L'église fut fermée, trois moines descendirent la Sainte Image, la parèrent de ses plus beaux ornements et la laissèrent sur l'autel. Après les vêpres, auxquelles assista le roi, on organisa une procession, derrière laquelle allaient l'abbé fray Joachim Bonanat, le roi, tenant un cierge, et toute sa cour. Tous entrèrent dans le nouveau temple en chantant un *Te-Deum* solemnel; deux moines avec aube et étole montèrent la Sainte Image á son *camarin* (1), par un escalier placé devant l'autel.

(1) Oratoire situé derrière l'autel, de forme circulaire, où est vénérée la Vierge. Deux escaliers permettent aux fidèles d'approcher de la Sainte Image pour en baiser la robe.

«Juro, y estoy pronto á sostener con mi espada, que la bienaventurada Virgen Maria fué concebida sin mancha de pecado original.»

Igual juramento prestaron el abad don Francisco Crespo, el conde de Altarés, don Juan Velasco, don José Bricaño, don Rodrigo de Borja, don Gaspar de la Cueva, don Antonio Córdoba, don Pedro de Valenzuela, don Diego de Eguer y don Francisco de Arola, secretario.

En 11 de Diciembre de 1669, el duque de Toscana regaló una lámpara de plata, de peso 7 arrobas; y en este mismo año, el príncipe Don Juan de Austria, hijo del rey Felipe IV, hizo dorar toda la iglesia, invirtiendo en ello la suma de 4,000 escudos de oro.

En 1677, el duque de Cardona ofreció un trono de plata para la Virgen.

En 1702, visitó el Santuario Felipe V, regalando 200 doblones de oro, habiéndolo visitado poco antes su mujer, Maria Luisa de Saboya. Carlos de Austria estuvo en el Monasterio en 1706, volviendo con su mujer en 20 de Octubre de 1708, y dejando en ambas visitas espléndidos regalos.

En 18 de Noviembre de 1723, murió, en opinión de santo, fray José de San Benito, conocido por *Fray Joseph de las Llantias*, por haber sido el encargado del arreglo de las lámparas durante muchos años.

A pesar de ser simple lego y hombre sin letras, de oficio picapedrero, compuso un libro con varios tratados escolásticos, expositivos y místicos, donde pueden aprender hasta los sabios.

El 1.º de Diciembre de 1741 se colocaron los púlpitos y el coro bajo, y en 2 de Marzo de 1749 se inauguró el *Acueducto Mentirosa*, que conduce al *Safreix* (algibe) las aguas pluviales. Habiendo crecido las necesidades del Monasterio y siendo insuficientes para el gran número de visitantes los alojamientos existentes en el mismo, se pensó en su engrandecimiento, y en 1754 se dió forma á la idea de construir un gigantesco edificio al lado de la iglesia.

Mientras el arquitecto levantaba los planos para el grandioso monasterio, mientras se acordaba el derribo del antiguo, informe y ruinoso, para presentar dominante, un gran pensamiento de todo el conjunto, mientras se meditaba honrar á los que visitasen esta montaña de un modo más digno, se imploró el auxilio del jefe de la Iglesia y del de la nación, á imitación del abad Garriga, y se organizó, como entonces, una cuestación general por toda España.

Comenzaron las obras en 1755, y en 1767 quedó erigida una fábrica rival de

On relate que Philippe III parcourant la montagne, suivi de sa cour, en arrivant à l'ermitage de Saint-Jean voulut manger à la même table que l'ermite et partager avec lui son frugal déjeuner.

Au XVIᵉ siècle le monastère fut visité, à part les saints et les rois que nous avons mentionnés, par le bienheureux Salvador d'Horta, en 1540; Philippe Iᵉʳ, en 1564; l'empereur Rodulphe, son frère Ernest et le cardinal Auguste, en 1568; Saint-Louis Gonzague, l'impératrice veuve de Maximilien et sa fille Marguerite, en 1582; Saint-Joseph de Calasanz, en 1586; le bienheureux Labre et Raymond Lulio, en 1587.

Au XVIIᵉ siècle, Philippe IV visita deux fois le monastère, signalant sa présence dans ce saint lieu par de splendides cadeaux.

Le 22 décembre 1602, les archiducs d'Autriche firent cadeau d'une lampe en argent du prix de 4,500 ducats.

Le 20 août 1609 fut placée dans l'église la grille qui sépare le sanctuaire.

Le 31 décembre 1631, la marquise de Tamarit fit cadeau d'un reliquaire de la Sainte-Épine, orné de trois-cents trente-deux diamants.

Le 13 octobre 1653, Jean d'Autriche prêta le serment suivant devant l'Image de la très sainte Vierge:

«Je jure et je suis prêt à soutenir avec mon épée, que la bienheureuse Vierge Marie a été conçue sans tâche du péché original.»

Ce même serment fut prêté aussi par l'abbé Don François Crespo, le comte d'Altarés, Don Jean Velasco, Don Joseph Bricaña, Don Rodrigue de Borja, Don Gaspard de la Cueva, Don Antoine de Cardona, Don Pierre de Valenzuela, Don Diégo d'Eguer et Don François d'Arola, secrétaire.

Le 11 décembre 1669, le duc de Toscane donna une lampe en argent, du poids de 7 arrobes. En cette même année le prince Don Jean d'Autriche, fils du roi Philippe IV, fit dorer toute l'église, ce qui lui coûta 4,000 écus d'or.

En 1677, le duc de Cardona offrit à la Vierge un trône en argent.

En 1702, Philippe V visita le sanctuaire et donna 200 doublons d'or. Son épouse Marie-Louise de Savoie, avait visité le monastère quelque temps avant.

Charles d'Autriche y fut en 1706 et y revint le 20 octobre de 1708, accompagné de sa femme. Il fit les deux fois de splendides cadeaux au monastère. Le 18 novembre 1723 mourut, en état de sainteté, Fr. Joseph de Saint-Benoît, con-

las mismas montañas: el colosal edificio de siete pisos que está unido con el templo, cuya fachada principal da al claustro del mismo, mirando su parte posterior á la carretera y de frente á la capilla de San Miguel.

A últimos del siglo XVIII este Santuario sirvió de refugio á tres obispos franceses que abandonaron su patria huyendo de la Revolución y de la guillotina.

En 1802 visitó el Monasterio Carlos IV con toda su real familia.

Llegó la invasión francesa en 1811, y el ermitaño Mauro Picañol, logró esconder en la capilla de San Dimas la Santa Imagen, antes de que llegasen á la montaña las hordas invasoras. El 25 de Julio llegaron los franceses á Montserrat, y al pasar por las ermitas de San Salvador, Santísima Trinidad y San Benito, llegaron con tanto sigilo, que hallando descuidados á los ermitaños Bernardo Crospis, Mauro Picañol y José Broch y Pastrana, los mataron bárbaramente á balazos. Al padre Morciras le asesinaron y echaron en un profundo torrente.

Los padres Tomás Carrera y Alberto Batllés quedaron en la enfermería, donde murieron extenuados por el hambre y la necesidad. El padre Pedrosa, huyendo con otros padres y algunos niños escolanes, fué herido por la espalda.

Hay que tener en cuenta, al citar el encarnizamiento con que el ejército francés trató á los infelices habitantes de estas montañas, que la Junta superior del Principado había decidido convertirlas en plaza de armas, quedando pésimamente fortificadas á mediados de Mayo de 1811. Las defendían 3,000 hombres al mando del barón de Eroles y Manso. Mandaba el numeroso ejército invasor el general Suchet, vencedor en Tarragona. La lucha fué desesperada; los certeros disparos del paisanaje diezmaban las huestes napoleónicas, en su temeraria ascención; mas un movimiento envolvente operado por las divisiones Abbé y Mathieu comprometió á los defensores, que se vieron atacados por la espalda, siendo conducida por un traidor una partida de tiradores franceses, que, cruzando un atajo sólo conocido por los prácticos del país, apareció de repente por los flancos de los heroicos defensores.

Toda resistencia era inútil. El ataque principió por la parte de casa Massana en la madrugada del 25, y al anochecer el ejército enemigo entraba en el Monasterio, que fué impíamente saqueado, no quedando nada en salvo, pues lo que no pudo sacarse fué destruido; nada perdonaron por respetable y sagrado que fuera: ornamentos, reliquias, cuadros, joyas, todo desapareció.

nu sous le nom de *Fr. Joseph de las Llantias* (Joseph des Lampes), parce qu'il avait été chargé pendant de longues années du soin d'arranger les lampes.

Bien que simple frère lai, sans instruction, tailleur de pierre de son métier, il écrivit un livre et divers traités scolastiques et mystiques, dans lesquels les savants même pourraient apprendre.

Le 1er décembre 1747 furent placés la chaire et le chœur bas. On inaugura le 6 mars 1749 l'aqueduc Mentirosa qui conduit au *Safreix* (bassin ou reservoir) les eaux pluviales.

Les besoins du monastère ayant augmenté et les logements étant devenus insuffisants pour le nombre de visiteurs qui y accouraient, on pensa à son agrandissement et l'on construisit en 1754 un édifice gigantesque à côté de l'église.

Tandis que l'architecte dressait les plans du grandiose monastère, qu'on décidait de démolir tout ce qui était ancien, informe et en état de ruines, afin de réaliser un projet émerveillant dans son ensemble, et qu'on songeait à honorer les fidèles qui visitaient la montagne d'une façon digne, on implora l'aide du chef de l'Eglise et du chef de la Nation, à l'instar de l'abbé Garriga, et, comme alors, des collectes générales furent organisées dans toute l'Espagne.

Les travaux commencèrent en 1755 et en 1767 fut terminée la construction rivale, peut-on dire, des montagnes mêmes: le colossal édifice de sept étages, attenant au temple, dont la façade principale donne sur le cloître même, regardant de face la chapelle de Saint-Michel et, par derrière, le grand chemin.

Vers la fin du XVIIIe siècle ce sanctuaire servit de refuge à trois évêques français qui abandonnèrent leur patrie fuyant la Révolution et la guillotine.

Charles IV et toute sa famille visitèrent le monastère en 1802.

Lors de l'invasion française, en 1811, l'ermite Maure Picañol réussit à cacher la Sainte Image dans l'ermitage de Saint-Dimes, avant que les hordes des envahisseurs arrivassent à la montagne. Les Français arrivèrent à Montserrat le 25 juillet, atteignirent en silence les ermitages du Saint-Sauveur, de la Très-Sainte-Trinité et de Saint-Benoît, et surprirent et tuèrent à coups de fusils, d'une façon barbare, les ermites Bernard Crospios, Maure Picañol, Joseph Broch et Pastrana. Ils assassinèrent le Père Morciras et jetèrent son cadavre au fond d'un torrent.

Les PP. Thomas Carrera et Albert Batllés restèrent à l'infirmerie où ils mou-

Hasta los libros del coro hicieron pedázos, y de sus hojas de pergamino hicieron techos para cubrir sus tiendas de campaña (1).

El 11 de Octubre del mismo año abandonaron los franceses el Monasterio, mas antes incendiaron la iglesia y demás dependencias, reduciéndolo todo á cenizas. Han dicho algunos que lo presenciaron desde lejos, que nunca se ha visto cosa que infundiese tanto horror.

Cúpula, ventanales, rosetón y edificios despedian llamas y humo en tanta abundancia, que el conjunto parecia un inmenso horno de fuego.

Sólo se libró del incendio el refectorio y la casa del venerable José de las Llantias.

Apenas desocuparon las tropas francesas lo que antes fué Santuario, volvieron con la Santa Imagen los pobres monjes. Bien quisieron apagar el inmenso volcán que ardia dentro de la iglesia; pero no tenian enseres con que llevar el agua, ni encontraron nada á propósito, pues de todo carecian. ¡Tanto combustible halló el fuego en que cebarse para durar dias y dias! Todo era de madera: altares, órgano, coro con su rica silleria; todo era incentivo para avivar las llamas: las paredes sin revoque, el pavimento sin baldosas y el templo lastimosamente ennegrecido.

Sólo se salvó el tesoro principal: la Santa Imagen.

Como si lo sucedido no hubiese sido lección bastante dura para no insistir en hacer del Monasterio punto estratégico de defensa, el coronel inglés Eduardo Green quiso fortificarse en la ermita de San Dimas. Inútil empeño, pues salió de Barcelona, en 28 de Julio de 1812, un cuerpo de ejército á las órdenes del general Mathieu, con orden de exterminar á los que se habian fortificado en Montserrat. Empezó el ataque de noche y fué la lucha encarnizada; mas como los franceses eran 7,000 y los defensores en número muy reducido, tuvieron éstos que rendirse y por segunda vez las águilas imperiales clavaron sus afiladas garras en el Monasterio.

La ermita de San Dimas fué incendiada y destruida el dia 31 de Julio; y en aquel dia, antes de abandonar el Monasterio los franceses, deseosos de que no quedara ni memoria de Montserrat, colocaron, para volarlo, cinco grandes hornillos llenos de pólvora entre el templo y el monasterio, dejando encendida

(1) P. Crusellas, *Nueva Historia de Montserrat*, 1896.

rurent exténués de fatigue et de faim. Le P. Pédrosa, fuyant avec d'autres Pères et quelques énfants de chœur, fut blessé à l'épaule.

En citant l'acharnement avec lequel l'armée française maltraita les malheureux habitants de ces montagnes, il faut dire que la Junte supérieure de la Principauté avait décidé de convertir le couvent en place d'armes et que les montagnes furent très mal fortifiées vers la moitié du mois de mai de 1811. Elles étaient défendues par 3,000 hommes placés sous le commandement du baron d'Eroles et Manso. Le général Suchet, vainqueur à Tarragone, commandait l'armée des envahisseurs. La lutte fut acharnée, les coups certains des paysans décimaient les soldats de Napoléon dans leur téméraire ascension; mais un mouvement enveloppant exécuté par les divisions Abbé et Mathieu exposèrent les défenseurs qui se virent attaqués par derrière. Un groupe de tirailleurs français conduits par un traître, gravit un sentier qui n'était connu que des guides du pays et parut tout-à-coup sur le flanc des héroïques défenseurs.

Toute résistance devint inutile. L'attaque commença du côté de la maison Massana, dans la matinée du 25, et l'ennemi entrait à la tombée du soir au monastère qui fut sacrilègement mis à sac. La soldatesque détruisit ce qu'elle ne put pas emporter, sans épargner les objets sacrés, les ornements, les reliques, les tableaux, ni les joyaux. Tout disparut.

Les livres du chœur furent déchirés, et leurs feuilles de parchemin servirent de toits pour couvrir les tentes des soldats (1).

Le 11 octobre de la même année, les Français abandonnèrent le monastère, mais, avant, ils incendièrent l'église et ses dépendances, réduisant tout en cendres. Des témoins qui furent de loin spectateurs de ce fait, racontent n'avoir jamais rien vu qui inspirât tant d'horreur.

La coupole, les fenêtres, les roses, tout l'édifice, laissaient échapper des flammes si abondantes et une fumée si épaisse qu'on eût dit une immense fournaise.

Il n'y eut que le réfectoire et la maison du vénérable Joseph des Llantias qui échappassent à l'incendie:

A peine les troupes françaises eurent-elles abandonné le sanctuaire, que les pauvres moines revinrent rapportant la Sainte Image. Ils voulaient bien éteindre

(1) P. Crusellas, *Nouvelle Histoire de Montserrat*, 1896.

la mecha, á fin de poder contemplar de lejos su obra de destrucción y solazarse en sus ruinas.

Aquellos desalmados lograron en parté su nefasto propósito. Tan terrible y horrorosa debió ser la explosion que se oyó á la distancia de seis horas.

Al dia siguiente volvieron los pobres monjes, encontrando el monasterio y santuario convertidos en un montón de ruinas. Buscaron lo que más importaba, la Santa Imagen, y despúes de mil rodeos la encontraron abandonada entre los escombros de lo que fué ermita de San Dimas. Verdad es que la habian despojado de sus vestidos y alhajas; pero al fin quedaba salvada, colocándola interinamente en el refectorio, donde tuvo su templo durante cinco años. Allí eran celebrados los divinos Oficios; allí recibia á los más grandes personajes, como á las personas más humildes.

Durante este periodo de tiempo era de ver el afán con que trabajaban los santos monjes en quitar escombros, derribar las paredes que amenazaban ruina, reedificarlas y abrir paso para entrar en el templo.

La Santa Imagen, que habia sido trasladada á Barcelona por orden gubernativa en 4 de Enero de 1823, fué conducida otra vez á Montserrat con inusitada pompa, á donde llegó el 14 de Junio de 1824, siendo celebrada su reposición con grandes fiestas procesionales y un solemne *Te Deum*.

En 12 Abril de 1828 fué visitado el Monasterio por los reyes Don Fernando VII y Doña Amalia, haciendo un donativo de medio millón de reales.

En 12 Noviembre de 1829 estuvieron en el Monasterio los infantes Francisco de Paula y su esposa Luisa Carlota.

Murió Fernando VII en 1833; en 1834 la nación se dió el *Estatuto* y en 1836 la *Constitución*, y tras de ello vino una guerra civil, cuyas consecuencias para Montserrat fueron en el fondo análogas á las sufridas durante el periodo de 1820 á 1823, cuando se tuvo que trasladar la Imagen á Barcelona.

Meditada la situación con detenimiento, juzgaron prudente los padres ausentarse, antes de crearse ni crear conflictos, y llamando á un anciano honradísimo, Pablo Jorba, del Bruch, le confiaron bajo el más religioso secreto, la resolución de depositar en su casa la Santa Imagen, esperando que allí estaria libre de posibles profanaciones. Aceptó agradecido el venerable anciano honra tan grande, y concertado el modo y prometiéndose el más riguroso sigilo, se hizo la entrega de la Santa Imagen en 29 de Julio de 1835.

l'immense brasier qui brûlait dans l'église, mais ils manquaient d'outillage pour apporter l'eau et ne trouvaient rien à leur portée à propos pour cela. Tant de combustible entretenait le feu que celui-ci dura plusieurs jours! Tout étant en bois, les autels, l'orgue, le chœur avec ses riches stalles, les flammes ne cessaient de rencontrer une nouvelle pâture. Il ne resta que les murs sans revêtement, le pavé sans carreaux et le temple horriblement noirci.

La Sainte Image seulement fut sauvée.

Comme si le fait qui venait de se produire n'eût pas été une leçon suffisamment dure pour ne point faire du monastère un lieu stratégique de défense, le colonel anglais Edouard Green voulut se fortifier dans l'ermitage de Saint-Dimes. Vaine prétention; le 28 juillet 1812, un corps d'armée partit de Barcelone sous les ordres du général Mathieu avec l'ordre d'exterminer ceux qui s'étaient fortifiés à Montserrat. L'attaque commença de nuit; la lutte fut acharnée; mais comme les Français étaient au nombre de 7,000 et que les défenseurs étaient très peu nombreux, ceux-ci durent se rendre et les aigles impériales posèrent une seconde fois leurs serres sur le monastère.

L'ermitage de Saint-Dimes fut incendié et détruit le 31 juillet. Ce jour là, avant d'abandonner le monastère, les Français, désirant qu'il ne restât aucune trace du couvent, placèrent cinq grands fourneaux remplis de poudre entre le temple et le monastère pour le faire sauter, ils allumèrent à cette effet une longue mèche pour contempler de loin leur œuvre de destruction et se récréer de ses ruines.

Ces dénaturés virent leur projet réalisé en partie. L'explosion dut être si terrible et si épouvantable qu'on l'entendit à six lieues à la ronde.

Les pauvres moines revinrent le jour suivant et trouvèrent le monastère et son sanctuaire réduits en un monceau de ruines. Ils recherchèrent ce qui les intéressait le plus, la Sainte Image, qu'ils finirent par découvrir, après mille recherches, abandonnée au milieu des décombres de l'ermitage de Saint-Dimes. Il est vrai qu'ils la trouvèrent dépouillée de ses vêtements et de ses bijoux; mais, enfin, elle était sauvée et elle fut placée, provisoirement, dans le réfectoire qui lui servit de temple pendant cinq ans. C'est là que furent célébrés les divins offices et que furent reçus les plus grands personnages et les plus modestes fidèles.

Il fallut voir durant ce laps de temps comment travaillaient les saints moines

Quedó sólo, para vigilar y conservar en lo posible el convento, la iglesia y lo poco que quedaba, el hermano José Campderrós, que cerró con cal y ladrillo todas las entradas y salidas del monasterio y santuario.

El día 8 de Septiembre de 1844 volvió á quedar regularizado el culto de la Santa Imagen, que fué trasladada al Monasterio con inusitada pompa, siendo la reina Isabel II quien más se interesó en que la Virgen se sentara de nuevo en su trono.

Desde esta fecha los monjes emprendieron con afán y grandísimo empeño la tarea de reconstituir y hermosear otra vez el monasterio y la iglesia, saliendo tanto más airosos cuanto más difícil parecía su empresa, por existir en aquellos años la guerra civil llamada de los *matinés*.

En el año 1854 se aprobaron y pusieron en ejecución los proyectos del arquitecto Vilá y Geliu para la construcción de la nueva Escolanía, y aquel mismo año Montserrat se convirtió en refugio de miles de personas que huían azoradas del cólera que diezmaba las poblaciones de Cataluña, siendo verdaderamente milagroso, que, á pesar de la aglomeración de gentes, sólo se registrasen cuatro casos de muerte de dicho mal.

En 31 de Mayo de 1857, la reina Isabel II ofreció á la Virgen un manto riquísimo, que le fué entregado con toda solemnidad, en su nombre y representación, por la excelentísima señora duquesa de Noblejas.

En 25 de Octubre del propio año, los señores duques de Montpensier visitaron el Monasterio y ofrecieron un riquísimo Crucifijo de coral sobre una cruz de filigrana de oro.

El 30 de Septiembre de 1860 visitó este Santuario la reina Doña Isabel II, acompañada de su esposo Don Francisco y de su hijo Don Alfonso.

Con la real familia vinieron todos los obispos de Cataluña, el confesor de la reina, arzobispo don Antonio Claret, los generales O'Donnell, Prim y otros. Asistieron también las autoridades y alcaldes de Cataluña, en número de trescientos.

Celebráronse solemnes funciones religiosas y predicó el célebre orador Hermenegildo Coll de Valldemía. Al anochecer dióse un concierto monstruo por los coros catalanes, dirigidos por su creador, el músico-poeta don José Anselmo Clavé.

La reina regaló á la Santa Imagen un precioso alfiler de diamantes y

à enlever les décombres, à démolir les murs qui menaçaient ruine, à reédifier et à ouvrir un chemin pour arriver au temple.

La Sainte Image, qui avait été transportée à Barcelone par ordre du gouvernement, en date du 4 janvier 1823, fut de nouveau conduite en grande pompe à Montserrat où elle arriva le 14 juin 1824. Sa réinstallation donna lieu à des grandes fêtes, à des processions et à un *Te-Deum* solennel.

Le 12 avril 1828 le monastère fut visité par les rois Don Ferdinand VII et par Doña Amalia, qui lui donnèrent un million de réaux.

Le 12 novembre 1829 les infants François de Paule et son épouse Louise Charlotte visitèrent le monastère.

Ferdinand VII mourut en 1833. La nation obtint ses *Statuts* en 1824, et *la Constitution* en 1836; après vint la guerre civile, dont les conséquences pour Montserrat furent, au fond, analogues à celles qu'il subit pendant la période de 1820 à 1823, lorsqu'on dut transporter l'image de la Vierge à Barcelone.

Après avoir pesamment médité la situation qui leur était créée, les moines jugèrent prudent de s'absenter, plutôt que de donner lieu à de nouveaux conflits; ils appelèrent un honnête vieillard du Bruch, nommé Paul Jorba, et lui confièrent l'image de la Vierge, sous le sceau du plus religieux des secrets, espérant que là elle serait à l'abri de toutes profanations. Le vénérable vieillard accepta avec reconnaissance un si grand honneur. La Sainte Image lui fut livrée avec le plus grandes précautions le 29 juillet 1835.

Pour surveiller et conserver autant que possible le couvent, l'église et le peu qu'il y avait encore, il ne resta au monastère que le frère Joseph Campderros qui boucha avec de la chaux et des briques toutes les entrées et toutes les sorties du monastère et du sanctuaire.

Le 8 septembre 1844 le culte de la Sainte Image fut de nouveau régularisé, la Vierge fut transportée au monastère en grande pompe, la reine Isabelle II ayant manifesté le désir de la voir reposer de nouveau sur son trône.

Dès cette date les moines entreprirent avec ardeur et acharnement l'œuvre de restauration et embellissement du monastère et de l'église, et furent d'autant plus fiers du succès de leur entreprise que celle-ci paraissait ardue à une époque de guerre civile, car c'est alors qu'avait lieu la guerre dite *de los matinés*.

En 1854 furent approuvés et mis à exécution les projets de construction de la

amatistas y un cáliz de oro, y quiso que su hijo, el príncipe de Asturias, fuese inscrito como escolán de la Virgen.

El año 1851, en 4 de Junio, Pío IX concedió que el altar de las *Catacumbas de* este Monasterio, fuese privilegiado *in perpetuum* para sacar alma del Purgatorio á cada misa.

El 1862 fué nombrado abad el padre fray Miguel Muntadas, que había entrado de novicio á los diecisiete años, subsistiendo en su cargo abacial hasta el 8 de Marzo de 1885, que falleció en el mismo Monasterio.

Era incansable su actividad, y grandiosos fueron sus proyectos y empresas. A él se debe la monumental obra del camarín, que tuvo el consuelo de dejar muy adelantada. Reconstruyó la Santa Cueva, las capillas de San Miguel, Santos Apóstoles, San Acisclo y Santa Victoria. Restauró el antiquísimo monasterio de Santa Cecilia, logrando que fuese devuelto á la jurisdicción de Montserrat. Reparó las antiguas hospederías y edificó otras de nueva planta. Dió grandísima importancia á las modernas romerías, por las que desplegó siempre toda la pompa posible.

Abside.

En 22 de Septiembre de 1871, visitó el Monasterio el rey Amadeo de Saboya, acompañado del príncipe Humberto y numerosas autoridades; y el 1.º de Junio de 1873 estuvieron en él los príncipes Don Alfonso y Doña Blanca de Borbón, con un ejército de 3,000 hombres, sin molestar á las fuerzas liberales que ocupaban la Montaña.

En 19 de Abril de 1878 se celebró con inusitada pompa la colocación de la nouvelle *escolania* (maîtrise), de l'architecte Vila y Geliu. Montserrat devint en cette même année le refuge de milliers de gens fuyant le fléau du choléra qui décimait les populations de la Catalogne, et il fut vraiment miraculeux de n'enregistrer dans une telle agglomération de monde que quatre cas de mort dus à la terrible épidémie.

Le 31 de mai 1857, la reine Isabelle II offrit à la Vierge un richissime manteau qui fut remis avec solemnité, au nom de Sa Majesté, par Son Excellence la duchesse de Noblejas.

Le 25 octobre de la même année, les ducs de Montpensier visitèrent le monastère et offrirent un richissime crucifix en corail sur une croix en filigrane d'or.

Le 30 septembre 1860, la reine Isabelle II, accompagnée de Don François, son mari, et de son fils Don Alphonse, visitèrent ce sanctuaire.

Avec la famille royale vinrent à Montserrat tous les évêques de la Catalogne, le confesseur de la reine, archevêque Don Antoine Claret, les généraux O'Donnell, Prim et autres, toutes les autorités et tous les maires de la Catalogne au nombre de trois-cent.

De grandes fêtes religieuses eurent lieu à cette occasion, au cours desquelles le fameux orateur Herménégilde Coll de Valldemia prononça un magnifique sermon. Le soir, les chœurs catalans dirigés par leur créateur, le poète-musicien, Don Joseph Anselme Clavé, donnèrent un concert monstre.

La reine fit cadeau à la Sainte Image d'une précieuse broche en brillants et en améthystes et d'un calice en or, et voulut que son fils, le prince des Asturies, fût inscrit comme enfant de chœur de la Vierge.

Le 4 juin 1861, Pie IX concéda « que l'autel des *Catacombes* de ce monastère, jouît du privilège *in perpetuum* de tirer une âme du Purgatoire pour chaque messe qui s'y dirait ».

En 1862, le P. Fr. Michel Muntadas qui était entré au monastère en qualité de novice à l'âge de dix-sept ans, fut nommé abbé, et occupa cette charge jusqu'au 8 mai 1885, époque à laquelle il décéda.

Son activité était extraordinaire; ses entreprises et ses projets furent tous grandioses; c'est à lui qu'on doit l'œuvre monumentale du *Camarin*, qu'il eut la consolation de voir très avancée. Il reconstruisit la Sainte-Cave, les chapelles de Saint-Michel, des Saints-Apôtres, de Saint-Aciscle et de Sainte-Victoire. Il

primera piedra del nuevo camarín que debía construirse con sujeción á los planos del reputado arquitecto don Francisco de P. de Villar, asistiendo á dicha ceremonia el ilustre obispo de Barcelona, Diputación provincial, comisiones del Cabildo Catedral y Municipal, y numerosas corporaciones invitadas al efecto.

Como complemento de esta cronología, citaremos la fiesta del milenario, que tuvo lugar en 25 de Abril de 1880. Asistieron todos los obispos de Cataluña, con el Nuncio de Su Santidad.

Grandes solemnidades han tenido lugar en este Santuario, pero ninguna alcanzó la resonancia que llegó á tener el milenario: el entusiasmo popular rayó en delirio. Sacerdotes nunca vistos en tan numeroso concurso, treinta confesores desempeñando á la vez su sagrado ministerio, tres obispos y dos sacerdotes distribuyendo juntos las Sagradas Formas, y aun así no alcanzaban para el número de penitentes.

Se celebró el día anterior una espléndida y numerosa procesión, á la que asistieron ocho prelados y todos los cabildos y autoridades de Cataluña. El mismo día 25 se celebraron los divinos Oficios con una pompa y ostentación jamás imaginados en este agreste sitio. Por la tarde se celebró el certamen musical; coros, iluminaciones y fuegos artificiales por la noche. La montaña parecía un hormiguero, y se veían miles de personas acampadas por doquier, pues fueron muchas las que, no ya en cómodo hospedaje, sino ni aun á cubierto pudo alojárselas.

Imposible parece que en sitio tan escabroso y relativamente reducido fuese dable contener la aglomeración que debía producir la reunión de más de 35.000 personas que se considera asistieron á la fiesta.

El día 11 de Noviembre de 1881 se celebró la fiesta de la coronación de la Santísima Virgen, como complemento de la fiesta del milenario. Asistieron también todos los obispos de Cataluña, y como delegado del Cabildo de canónigos de San Pedro de Roma, para colocar la corona áurea sobre la cabeza de la

Interior del camarín. — *Intérieur du camarin*.

restaura le très ancien monastère de Sainte-Cécile et obtint qu'il fut assujettit à la juridiction de Montserrat. Il répara les anciens appartements destinés à loger les étrangers et en construisit de nouveaux sur un nouveau plan. Il donna une grande importance aux pélerinages modernes, pour lesquels il déploya toujours la plus grande pompe possible.

Le 22 septembre 1871, le roi Amédée de Savoie, accompagné du prince Humbert et de nombreuses autorités, visita le monastère.

Le 1ᵉʳ juin 1873, les princes Don Alphonse et Doña Blanche de Bourbon y furent avec une armée de 3,000 hommes, sans hostiliser les forces loyales qui occupaient les montagnes.

Le 19 avril 1878 eut lieu avec une pompe inusitée la pose de la première pierre du nouveau *camarin* qui devait être construit d'après les plans d'un architecte renommé, Don François de P. del Villar. L'évêque de Barcelone assista à cette cérémonie, de même que le Conseil général, des délégations du Chapitre de la cathédrale et de la municipalité.

Comme complément de cette chronologie, nous mentionnerons la fête du millenaire qui eut lieu le 25 avril 1880, et à laquelle assistèrent tous les évêques de la Catalogne et le Nonce de Sa Sainteté.

De grandes solemnités avaient eu lieu dans ce sanctuaire, mais aucune n'avait surpassé cette dernière. L'enthousiasme populaire fut presque du délire. Jamais on n'avait vu autant de prêtres réunis à la fois, ni autant de monde. Trente confesseurs remplissaient leur sacré ministère. Trois évêques et deux prêtres distribuaient ensemble les Saintes Formes.

Le jour précédent eut lieu une magnifique procession à laquelle assistèrent huit prélats et toutes les autorités de la Catalogne. Le même jour, les divers offices furent célébrés avec une solemnité à laquelle on ne se fût certainement jamais attendu dans ce lieu agreste. Il y eut le soir un grand concours musical, avec chœurs et illuminations. La montagne semblait une véritable fourmilière;

Patrona de Cataluña, asistió monseñor Nuzzi; pero quien la coronó, por ser ésta la voluntad del Sumo Pontífice, fué el cardenal Benavides, arzobispo de Zaragoza.

La hermosa corona que las cuatro provincias catalanas ofrecieron á la Santa Imagen, es no sólo una verdadera obra de arte, si que también una joya de gran valor intrínseco.

En su parte inferior brilla un escudo de diamantes, terminando en una hoja de esmeraldas de 32 quilates.

En la superior hay una corona imperial incrustada de rubíes y diamantes.

Las armas de Cataluña, el nombre de Jesús y la cruz son de esmalte y brillantes.

Consta de 700 piedras preciosas y lleva en su interior un pergamino con el nombre de todos los donantes.

El 4 de Mayo de 1884, el obispo de Barcelona, en presencia de 3,000 peregrinos, bendijo el precioso altar de San José, para cuya construcción habíase abierto una suscripción que fué encabezada por los señores obispos de Barcelona y Vich, continuándola muchísimas personas devotas y saldando el déficit la comunidad del Monasterio.

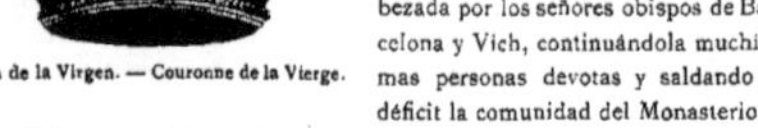

Corona de la Virgen. — Couronne de la Vierge.

Sin duda es uno de los mejores y más ricos de esta Santa Basílica.

En 16 de Abril de 1885 fué elegido abad de este Monasterio el reverendo padre José Deas, comenzando el ejercicio de su elevado cargo en 14 del siguiente Mayo. Las importantes obras que ha llevado á cabo, en un período de dos lustros, prueban lo acertado de su elección: la conclusión del camarín, el altar mayor y presbiterio, tribunas, vidrieras de colores, altares laterales, hospedería de San José, ensanche y ornato de la fonda, ermitas de San Jerónimo y San Dimas, desarrollo del colegio de misiones para Ultramar, colegio que, además del lustre y esplendor que da á las funciones de esta Basílica, sirve también para aumento de otras fundaciones y formación de la provincia Benedictina española;

on apercevait de tous côtés des milliers de personnes campant n'importe où et nombreux furent ceux qui durent passer la nuit à la belle étoile.

Il semble impossible qu'en un site semblable et relativement étroit pût contenir une foule d'au moins 35,000 personnes.

Le 11 novembre 1881 eut lieu la fête du couronnement de la Sainte Vierge, comme complément des fêtes du millenaire. Tous les évêques de la Catalogne assistèrent aussi à cette solemnité. Monseigneur Nuzzi fut délégué par le Chapitre des Chanoines de Saint-Pierre de Rome, pour poser la couronne d'or sur la tête de la Patronne de la Catalogne, mais qui la couronna vraiment, d'après le désir exprimé par le Saint Père, ce fut le cardinal Benavidés, archevêque de Saragosse.

La belle couronne que les quatre provinces catalanes offrirent à la Sainte Image, est non seulement une œuvre d'art, mais un bijou d'une grande valeur intrinsèque.

Au bas de la couronne brille un écusson en diamants terminé par une feuille en émeraudes du poids de trente-deux carats.

Le haut forme une couronne impériale incrustée de rubis et de diamants.

Les armoiries de la Catalogne, le nom de Jésus et la croix sont en émail et brillants.

Sept-cents pierres précieuses ornent ce joyau, dans lequel se trouve enfermé un parchemin avec le nom de tous le donateurs.

Le 4 mai 1884, l'évêque de Barcelone, en présence de 3,000 pèlerins, bénit le précieux autel de Saint-Joseph. pour la construction duquel on ouvrit une souscripción en tête de laquelle s'inscrivirent les évêques de Barcelone et de Vich et de nombreux fidèles. Le déficit fut payé par la communauté du monastère.

Cet autel est sans doute un des plus beaux et des plus riches de cette Sainte Basilique.

Le 16 avril 1885, le R. P. Joseph Déas fut élu abbé de ce Monastère et prit possession de l'abbaye le 14 mai. Les travaux exécutés depuis deux lustres, sous sa direction, prouvent combien son choix fut bien compris; citons la terminaison du camarín, le maître-autel et le presbytère, les tribunes, les vitraux peints, les autels latéraux, les logements dits de Saint-Joseph, l'agrandissement et l'ornementation de l'hôtel, les ermitages de Saint-Gérôme et de Saint-Dimes, le développement pris par le collège des missions d'Outremer, lequel, outre l'éclat

y finalmente, la dicha de haber podido ultimar el deslinde de la parte de montaña que corresponde á Montserrat.

Después de esta fecha, han visitado el Monasterio numerosos personajes y príncipes nacionales y extranjeros, entre los que podemos citar: en 1886, el príncipe Rodolfo, hijo del emperador de Austria, y el presidente de la República del Ecuador; en 1888, S. M. la Reina Regente con su hijo Alfonso XIII, toda la familia real, príncipes de Baviera y el señor Sagasta, visitaron el Monasterio en 23 de Mayo, y así como también poco después los jefes y almirantes de las escuadras extranjeras que se reunieron en el puerto de Barcelona cuando la Exposición; en 1890, el presidente de la República del Uruguay.

En 1892, visitaron el Monasterio numerosos personajes, y el 4 de Agosto fueron bendecidas por el Padre abad dos nuevas campanas, destinadas, una á la torre-campanario de esta iglesia, y otra á la nueva capilla de San Jerónimo en su eremitorio. A la primera se le puso el nombre de *Josefa Mercedes*, y á la otra el de *Jerónima Matilde*. Fueron sus padrinos don Celso Sala y su esposa doña Matilde Lapeira. La ceremonia fué revestida de la mayor solemnidad, y la concurrencia fué numerosa y de familias muy distinguidas.

En celebración de las fiestas del cuarto centenario de Colón, tuvo lugar una memorable fiesta en el monasterio, asistiendo todos los prelados de Cataluña, autoridades y numeroso pueblo.

En el mismo día se colocó solemnemente la primera piedra de los monumentales púlpitos que existen á ambos lados del presbiterio. Por la tarde del propio día tuvo lugar la inauguración del primer ferrocarril con Cremallera en España, partiendo desde luego el primer tren para Monistrol.

En 1893, visitaron Montserrat, el cardenal Sanz y Forés, el gran duque Waldimiro de Rusia y varios obispos y arzobispos de diferentes países. En 20 de Mayo se inauguró el retablo mayor con gran pompa, y desde este día, libre ya

Presbiterio. — Presbytère.

qu'il ajoute aux cérémonies de la Basilique, coopère à la création d'autres œuvres et à la formation de la Province Bénédictine espagnole, et, enfin, la délimitation définitive de la partie de la montagne qui appartient à Montserrat.

Depuis cette époque, le Monastère a été visité par de nombreux personnages; parmi les princes de la nation ou étrangers, nous pouvons citer: en 1886, le prince Rodolphe, fils de l'empereur d'Autriche, et le président de la République de l'Ecuateur; en 1888, la Reine Régente d'Espagne, son fils Don Alphonse XIII et toute la famille royale, les princes de Bavière et M. Sagasta, le 23 mai; les amiraux et les principaux officiers des escadres étrangères réunies dans le port de Barcelone, à l'époque de l'Exposition; en 1890, le président de la République de l'Uruguay et de nombreux personnages.

En 1892, d'autres personnages visitèrent le Monastère. Le 4 août furent bénies par l'abbé les deux nouvelles cloches destinées, l'une à la tour du clocher de l'église, l'autre à la nouvelle chapelle de Saint-Gérôme, à l'ermitage de ce nom. La première cloche fut baptisée sous le nom de *Joséphine Merci* et l'autre sous celui de *Gérôme Mathilde*. Les parrains de ce baptême furent Don Celso Sala et son épouse Doña Mathilde Lapeira. La cérémonie fut véritablement solennelle; l'assistance composée des familles les plus distinguées était imposante.

A l'occasion des fêtes du quatrième centenaire de Christophe Colomb, eurent lieu à Montserrat de mémorables cérémonies religieuses, auxquelles assistèrent tous les prélats de la Catalogne, les autorités et une foule immense.

C'est ce jour là que fut posée solennellement la première pierre des assises de chaires monumentales devant commémorer à tout jamais cet événement. L'après-midi de ce même jour, eut lieu l'inauguration du premier chemin de fer à crémaillère établi en Espagne, et le premier train partit de Monistrol gravissant la montagne.

Montserrat fut visité, en 1893, par le cardinal Sanz et Forés, le grand duc

la iglesia de andamios y demás estorbos, puede apreciarse cuanto ha ganado en belleza y hermosura el rico presbiterio de la gran Basílica. Concluido el artístico altar mayor, verdadera joya, en cuyo nicho central, y bajo un hermoso templete, destaca la Perla de Cataluña, han sido decoradas sus paredes laterales con ricos mármoles y columnatas, sobre las que descansan unas bellas estatuas que rodean y llenan del todo el grandioso presbiterio, presentándolo verdaderamente majestuoso.

En 1.º de Noviembre se inauguró el magnífico altar de San Ignacio, regalo de la distinguida familia de don Clemente Miralles del Imperial.

En 1894, estuvo en el monasterio en un viaje que de incógnito hizo por España, el príncipe Don Jaime de Borbón.

LOS CASTILLOS DE MONTSERRAT

En un concienzudo estudio debido á la pluma del distinguido escritor catalán don F. Carreras Candi, que obtuvo justa recompensa en los Juegos Florales de 1890, hemos encontrado noticias que creemos han de interesar al lector de estos apuntes y que extractamos brevemente. Algunos autores han querido suponer la existencia de un castillo *Montserrat*, pero bien parece comprobado que éste no era la ermita de *San Dimas* llamada *del Castell*, sino que los feudos de la Guardia y de Collbató, únicos que existían en el siglo XIII, al pasar á ser de un solo dueño, éste, pudiendo llamarse así *Señor de Levante y de Poniente* de la montaña, quiso por creerlo más honroso para su estirpe, añadir á sus blasones el nombre de *Montserrat*.

El Castillo de *Otjer* (Othgari), del que se pierde toda traza desde el siglo XI, parece perteneció á los condes de Barcelona, y estaba situado en las alturas que los ermitaños distinguían por el nombre de Thebas, muy cerca de donde existe la ermita de Santa María Magdalena; sin embargo de que todos los autores divagan al querer precisar su emplazamiento.

Castillo de *Collbató*, puede considerársele por los vestigios que existen aun, el más importante de cuantos tuvo Montserrat. Se encuentran sus restos en la vertiente opuesta á la de las célebres cuevas, pudiéndose admirar aún sus robustos arcos y los fragmentos de sus torres. El Padre Argaiz opina que su etimología deriva de haber pertenecido á un capitán llamado Agatton (Gattó), que por

Wladimir de Russie et plusieurs évêques et archévêques de divers pays. Le 20 mai eut lieu la solennelle inauguration du grand retable. À partir de ce jour, l'église fut délivrée d'échafaudages et de tous autres embarras, ce qui permit d'apprécier combien avait gagné le sanctuaire de notre grande Basilique. Outre l'artistique maître-autel, un vrai joyau, — dont la niche centrale est occupée par la Perle de la Catalogne, sous un beau petit temple, — les murs latéraux ont été décorés avec de riches marbres et des colonnades, sur lesquelles reposent, tout autour du sanctuaire, de belles statues qui lui donnent un aspect tout à fait majestueux.

On étrenna, le 1ᵉʳ novembre, le magnifique autel de Saint-Ignace, don de la famille de Clément Miralles del Impérial.

Le prince Jacques de Bourbon, voyageant incognito, visita le Monastère en 1894.

LES CHÂTEAUX DE MONTSERRAT

Dans une étude approfondie, due à la plume de Don F. Carreras Candi, qui obtint un prix aux jeux floraux de 1890, nous avons rencontré des renseignements dont l'extrait intéressera, croyons-nous, les lecteurs de ces notes.

Quelques auteurs ont voulu supposer l'existence d'un château *Montserrat*, mais il paraît prouvé que celui-ci ne fut pas l'ermitage de *Saint-Dimes*, dit *du Château*. Ce qu'il y a, c'est que les fiefs de La Garde et de Collbató qui existaient au XIIIᵉ siècle, devinrent la propriété d'un seul individu, et que ce dernier, pouvant ainsi se faire nommer *Seigneur du Levant et du Couchant* de la montagne, voulut pour la plus grande gloire de sa descendance, ajouter le nom de *Montserrat* à ses armoiries.

Le château d'*Otger* (Othgari), dont on perd toute trace au XIᵉ siècle, appartint paraît-il aux comtes de Barcelone. Il était situé sur les hauteurs que les ermites désignent sous le nom de Thèbes, tout près de l'endroit où se trouve l'ermitage de Sainte-Marie Magdeleine. Tous les auteurs divaguent cependant lorsqu'ils prétendent fixer l'emplacement de ce château à l'endroit occupé par le château de *Collbató*. Par les restes qui en existent, ce dernier peut être considéré comme le plus important de tous les châteaux qu'il y ait eu à Montserrat. Ses ruines se trouvent sur le versant opposé à celui des célèbres cavernes. On peu encore admirer ses arcs solides et quelques fragments de ses tours. Le P. Argaiz est d'avis que son étymologie dérive du nom d'un capitaine nommé Agatton (Gatto),

semejanza en el sonido de la *B* con la *G* góticas se convertiría en Batto; pero Carreras Candi acepta como más racional, la procedencia del nombre *Collis Catonis*, atribuida á la posesión de Marco Porcio Cato, dos siglos antes de Jesucristo y que diez siglos después se conservaba aún este nombre en lenguaje lemosin, que el tiempo ha convertido en *Collbató*.

Castillo de la *Guardia;* nombre muy vulgar y usado en varios castillos de Cataluña; fué su emplazamiento sobre el histórico caserio de *Can Massana*, donde existen las ruinas de la iglesia de San Pablo, construida en el siglo xiv, en el mismo sitio que antes ocupaba el castillo. Sólo se hallan hoy pequeños vestigios de su existencia, restos de muros y fundaciones que determinan su distribución interior y una escalera labrada en la róca viva que debió ser el camino de entrada en su primitiva construcción.

Castillo *Marro;* se sabe de su existencia ya mucho antes del siglo ix y algunos creen que su nombre deriva de haber sido construído encima de un atajo que resultaba camino más largo que la carretera, á lo cual en lenguaje catalán se llama *Marrada* ó *Marro;* pero su etimología parece mejor derivada de la palabra éuskara *Mar* (límite ó frontera) que los celtas y lemosines traducirian después en *Marro*.

Su situación, hacia se le considerase como punto de defensa del pueblo de Marganell, sobre el cual estaba situado, muy cerca de la ermita de Santa Cecilia.

Restos de muros que se encuentran en los picos de San Jerónimo, han hecho suponer á muchos historiadores la existencia de algún castillo ó atalaya en aquellos apartados lugares, lo cual no está desprovisto de verosimilitud siendo lugar apropiado desde donde se domina casi todo Cataluña, mas la luz no ha brotado aún, y de consiguiente, nada puede afirmarse.

En Monistrol existe también la *Torre del Puig*, edificada en 1408 por orden del prior de Montserrat, la que constituia un modo de defensa contra el bandolerismo que invadia la comarca; y finalmente, parece que en el Bruch existió un importante castillo, si bien su existencia no haya sido plenamente comprobada.

LA LEYENDA DE FRAY JUAN GARÍN

En tiempo de Wifredo el Velloso, entre las espesuras de la montaña de Montserrat, hacia vida religiosa un ermitaño llamado fray Juan Garin, y era tan

que la ressemblance du son de la lettre *B* avec la *G* gothique, convertit en *Batto*. Carreras Candi admet comme étant plus rationnelle la dérivation du nom *Collis Catonis*, attribuée au domaine de Marc Porcius Cato, deux siècles avant J.-C., dont le nom, que le temps avait changé en *Collbató*, se conservait encore dix siècles après, en langue limousine.

Le château de *La Garde*, nom vulgaire et très répandu parmi les châteaux de la Catalogne, se trouvait à l'endroit occupé par l'historique hameau de *Can Massana*, où existent les ruines de l'église de Saint-Paul, construite au xiv° siècle sur l'emplacement même du château. On ne rencontre aujourd'hui que de petites traces de son existence, des pans de murs, des fondations qui révèlent qu'elle était sa distribution intérieure et un escalier taillé dans le roc qui dut être le chemin d'entrée de la construction primitive.

Le château *Marro*, dont l'existence est bien antérieure au ix° siècle. Certains auteurs croient que son nom lui vient du fait d'avoir été construit sur un sentier plus long à parcourir que la grande route, soit en catalan une *Marrada* ou *Marro;* mais son étymologie paraît dériver plutôt du mot basque *Mar* (limite ou frontière), que les celtes et les limousins traduissirent par le mot *Marro*.

La position qu'il occupait lui permettait de défendre le village de Marganell, sur lequel il se trouvait situé, très près de Sainte-Cécile.

Des restes de murailles que l'on rencontre sur les pics de Saint-Gérôme ont fait supposer à quelques historiens qu'il dut existér quelque château ou beffroi sur ces lieux agrestes, ce qui ne parait pas invraisemblable, car on pouvait de là dominer presque toute la Catalogne.

Il existe aussi à Monistrol, la *Tour du Puig*, construite en 1408 par ordre du prieur de Montserrat. Cette tour constituait une sorte d'édifice contre le banditisme qui envahissait la région. Il paraît, enfin, qu'il y avait au Bruch un château important, dont l'existence n'a jamais été entièrement démontrée.

LA LÉGENDE DE FRÈRE JEAN GARIN

Au temps de Wifred le Velu, vivait religicusement sur la montagne de Montserrat, au milieu de l'épaisseur des bois, un ermite connu sous le nom de frère Jean Garin. La dévotion et le mysticisme de cet ermite étaient célébrés dans toute la Catalogne, à tel point, qu'ayant appris tous ses miracles, le comte

grande la reputación de su fervor y misticismo, que su fama llegó á extenderse por todo Cataluña al extremo, que enterado de sus milagros el conde Wifredo, decidió por inspiración divina confiarle la curación de su hija Riquilda, que sufria desde largo tiempo ataques epilépticos y que en opinión de los más sabios doctores de la Corte eran producidos por el espiritu del mal.

Fué el conde á Montserrat á visitar al ermitaño Garin, con gran acompañamiento de nobles y criados, pidiéndole encarecidamente le devolviese la salud de su hija.

Vinieron los sucesos de tal modo, que el conde regresó á Monistrol, dejando á Riquilda en poder de Garin por nueve dias, plazo convenido para que pudiese la doncella curada ya, ser restituida al seno de su familia.

Al encontrarse Garin solo con la hermosa Riquilda, el demonio hizo nacer en su corazón desconocidas pasiones. El amor lascivo y sensual despertóse en su sér con impetuosa vehemencia; luchó heroicamente, resistió, acalló sus anhelantes apetitos con nuevas penitencias, pidió á Dios que acudiese en su auxilio para salvarle de lucha tan cruenta, mas la Providencia habia dispuesto que sucumbiese, y asi sucedió: la infeliz doncella fué victima de los carnales apetitos de Garin que la deshonró violentamente.

Consumado el delito, empezaron los remordimientos á lacerar su espiritu: horrorizado por su enorme pecado y temeroso de los funestos resultados que podia traerle, cuando el conde se enterase de ello, por boca de su hija, aconsejado por el demonio que le tenia dominado, decidió asesinarla, como asi lo hizo, enterrándola en lugar cercano á la Cueva donde vivia.

Cayendo Garin en cuenta de sus graves yerros, pedia llorando perdón á Dios por sus crimenes y excesos, y no hallando consuelo á su dolor, resolvió acudir al Sumo Pontifice como asi lo hizo, partiendo pronto para Roma temeroso de caer en manos del desconsolado conde.

Confesó, arrepentido, sus horrendos crimenes, y dicese que Su Santidad le perdonó, dándole como penitencia, que nunca más mirase al cielo, á quien habia ofendido, y pues como bruto animal se habia dejado llevar de su sensualidad y torpeza, que anduviese con las manos en el suelo y nunca se levantase, hasta que por Dios le fuese revelado que ya le perdonaba sus pecados. Volvióse Garin á la misma montaña de donde habia salido, y como era tan grande el dolor que sentia por las ofensas que habia cometido contra Dios, tratábase con tanta aspe-

Wifred, obéissant à une inspiration du ciel, décida de lui confier la guérison de sa fille Richilde qui souffrait depuis de longues années des attaques d'épilepsie, occasionnées, au dire des docteurs les plus savants de l'époque, par l'esprit du mal.

Le comte, accompagné de nobles et de domestiques, se rendit à Montserrat pour voir le cénobite Garin, et lui demanda instamment de rendre la santé à sa fille.

Les choses s'enchaînèrent d'une façon telle, que le comte retourna à Monistrol laissant Richilde pour neuf jours au pouvoir de Garin; après ce temps, la demoiselle devait être guérie et rendue à sa famille.

Lorsque Garin se trouva seul avec la belle Richilde, l'esprit malin fit naître dans son cœur des passions inconnues. L'amour lascif et sensuel se réveilla dans son être avec une véhémence impétueuse. Garin lutta avec héroïsme, résista tant qu'il put, étouffa ses ardents appétits par de nouvelles pénitences, demanda à Dieu de lui venir en aide pour le tirer d'une lutte aussi cruelle; mais la Providence en avait décidé autrement. Il dut succomber. La malheureuse pucelle fut victime des appétits charnels de Garin qui la déshonora violemment.

Une fois le délit consommé, les remords commencèrent à lacérer son esprit; épouvanté de l'énormité de sa faute et craignant les funestes résultats qu'elle pouvait lui attirer lorsque le comte la connaîtrait de la bouche de sa fille, toujours conseillé par le démon qui le possédait, il décida d'assassiner sa victime, ce qu'il fit, et de l'enterrer dans un endroit proche de la caverne où il vivait.

Garin comprenant combien il avait péché, demandait en pleurant pardon à Dieu de ses crimes et de ses excès; ne pouvant se consoler, il résolut de se rendre auprès du Souverain Pontife et partit pour Rome en toute hâte craignant de tomber dans les mains du comte qui était inconsolable.

Repenti, il confessa ses horribles crimes. On raconte que le Saint Père les lui pardonna, lui imposant pour pénitence de ne jamais regarder le ciel qu'il avait offensé. Puisqu'il s'était laissé entraîner par les sens avec la brutalité de l'animal, le Pape lui ordonna de marcher sur les mains et de ne jamais se mettre debout, jusqu'à ce que Dieu lui eût révélé que ses péchés lui étaient pardonnés. Garin s'en retourna vers la même montagne d'où il était parti; la douleur qu'il éprouvait des offenses qu'il avait commises envers Dieu était si grande, qu'il se traitait avec une dureté telle qu'il ne se nourrissait que d'herbes et de fruits.

reza, que comia sólo hierbas y frutas. No teniendo cuidado de cubrir su cuerpo, gastados los vestidos, se quedó desnudo, y con el tiempo le vino á crecer el pelo de tal manera, que no parecia sino un animal salvaje.

Sucedió que un dia el conde Wifredo fué á cazar, entre las breñas y espesuras de la montaña de Montserrat. Llevóse perros y criados, y con mucho aparato se fué por la ribera del Llobregat; llegado allá, se pusieron los cazadores en ala, soltaron los perros y comenzaron á querer descubrir la caza. Discurriendo por entre aquellas breñas, subieron hasta emparejar con la cueva en donde estaba fray Juan Garin haciendo rigurosisima penitencia.

Llegados los perros á ella comenzaron á dar grandes ladridos; los cazadores, que los iban siguiendo, pensando que ya habian hallado alguna presa, se acercaron á donde oian el ruido que hacian los perros. Hallaron en la cueva á Garin, tan feo, tan desfigurado y cubierto de un tan largo pelo, que no parecia hombre, sino semejante á los animales: pues no hablaba, no se levantaba sobre los pies y estaba tan asqueroso, que no se le veia rastro de razón ni entendimiento. Maravillados del caso, dieron cuenta al conde del salvaje que habian hallado. Wifredo les mandó que se lo trajesen si lo podian cazar, porque los criados no se atrevian á entrar dentro de la cueva. Estando ya juntos, se echaron dentro, y como no hallaron resistencia, le ataron y llevaron delante del conde, y de alli á Barcelona, maravillándose todos los ciudadanos de ver un monstruo semejante.

Cueva de Garin. — *Grotte de Garin.*

N'ayant cure de couvrir son corps, lorsque ses vêtements furent usés, il resta nu et, avec le temps, les poils lui poussèrent d'une telle façon, qu'il ressembla à une bête féroce.

Il survint qu'un jour le comte Wifred voulut aller chasser sur la montagne de Montserrat, au milieu des ronces et des broussailles. Il emmena des chiens et des serviteurs et s'en fut avec grand apparat le long de la rive du Llobregat, qui baigne le pied de cette montagne et en entoure une partie. Arrivés à Montserrat, les chasseurs se placèrent en aile, lâchèrent les chiens et commencèrent à battre le terrain pour faire lever le gibier. Courant çà et là, à travers ces chemins crevassés, ils atteignirent la grotte où se trouvait Frère Jean Garin expiant ses péchés par la plus rigoureuse des pénitences.

En arrivant à la grotte, les chiens commencèrent à lancer de grands aboiements. Les chasseurs qui les suivaient pensant qu'ils avaient rencontré quelque proie, approchèrent de l'endroit d'où partait le bruit que faisaient les chiens et découvrirent dans la grotte Fr. Jean, tellement laid, tellement défiguré et couvert de si longs poils, qu'il ne ressemblait plus à un être humain, mais plutôt aux animaux. Il avait perdu l'usage de la parole, ne se dressait plus sur ses jambes et était si répugnant, qu'on ne voyait plus chez lui aucune trace de raison ni d'intelligence. Emerveillés de leur rencontre, ils racontèrent au comte qu'ils avaient trouvé un sauvage. Wifred leur ordonna de le lui apporter s'ils parvenaient à le chasser, car les serviteurs n'osaient pénétrer dans la grotte. Etant tous réunis ils s'y précipitèrent enfin, et n'ayant rencontré aucune

Celebróse algún tiempo después en el palacio de Wifredo, regio banquete para festejar el nacimiento reciente de un nuevo.hijo y para entretener á sus convidados, mandó el conde que trajesen el extraño salvaje que tenia en su poder.

De la mesa le echaban pedazos de pan que tomaba y comia, y como la fiesta se hacia por el niño que habia nacido, quiso su padre que lo trajesen delante de aquellos caballeros. Vino en brazos de su ama, tendria como tres meses de edad y estando en la sala donde se hacia el convite, puso los ojos el niño en el salvaje; y el Señor que es poderoso para desatar la lengua de los infantes, dió palabras formales á la de éste tan pequeño, y oyéndolo todos, pronunció clara y distintamente las palabras siguientes: *Levántate, fray Juan Garin, levántate y está derecho, que Dios te ha perdonado tus pecados.* Entonces el que era tenido por salvaje, levantándose de tierra donde estaba postrado, hincó las rodillas delante de todos, puso las manos levantadas y los ojos al cielo, y comenzó á dar infinitas gracias á Dios. Confesó delante de todos su gran culpa, explicó como habia cometido el crimen, y habiéndole el conde pedido le enseñase el sitio donde habia enterrado á su hija, fuéronse á Montserrat, y después de adorar á la Virgen guió Juan Garin á Wifredo al lugar donde estaba enterrada su hija.

Aqui renovó Nuestro Señor las maravillas; porque por merecimientos de la Virgen María, á la doncella, halláronla viva, sana y hermosa. Y para.muestra del milagro, se vió en ella la señal que habia hecho el cuchillo, en forma de un hilo de seda de grana. Bien se deja entender el gran contento que el conde y Garin recibirian, de ver con vida á la que pensaban que estaba muerta mucho tiempo hacia.

Wifredo, muy contento, mandó llevar la hija á Barcelona para ponerla en el estado que merecia; pero ella no se quiso ir de la montaña, suplicando á su padre que en aquella iglesia que se estaba edificando á Nuestra Señora, fabricase un Monasterio donde ella y otras virgenes se consagrasen al servicio de la reina del cielo.

Así explica el P. Yepes la famosa leyenda de *Fray Juan Garin*, de la que si bien muchos detalles son ciertamente probados, otros son hijos más que nada de la fantasia popular y de las exageraciones del tiempo.

résistance, ils attachèrent le sauvage et le conduisirent en présence du comte et, de là, á Barcelone, où tous les citoyens furent émerveillés á la vue d'un monstre semblable.

Quelque temps après, un banquet royal eut lieu au palais du comte, pour fêter la naissance d'un nouvel enfant, et, pour amuser ses invités, le comte se fit amener l'étrange sauvage qui était en sa possession.

On lui jetait de la table des morceaux de pain qu'il ramassait et mangeait. Comme la fête avait lieu en l'honneur de l'enfant nouveau-né, le comte voulut qu'on l'apporta devant tous ces chevaliers. L'enfant parut aux bras de sa nourrice; il avait á peine trois mois; se trouvant au milieu de la salle où avait lieu le banquet, l'enfant jeta les yeux sur le sauvage, et Dieu, qui est puissant pour délier la langue des enfants, donna des paroles sérieuses á celle de ce tout petit, que tous entendirent prononcer d'une façon claire et distinctes les mots suivants: *Lève-toi, Frère Jean Garin, lève-toi et tiens-toi debout, car Dieu t'a pardonné tes péchés.* Celui que l'on considérait comme un sauvage, se redressa alors, plia les genoux devant tout le monde, leva vers le ciel les mains et les yeux et commença á remercier Dieu. Il confessa son énorme faute devant tous les invités; il raconta comment il avait commis le crime, et le comte lui ayant demandé de lui montrer l'endroit où était enterrée sa fille; tous se mirent en route.

Après avoir imploré la Vierge, Jean Garin guida le comte jusqu'au lieu où était enterrée sa fille. Là, Notre Seigneur renouvela les miracles; en récompense des mérites de la Vierge Marie, la demoiselle fut retrouvée vivante, guérie et belle. Comme preuve du miracle, se voyait sur elle la marque qu'avait faite le couteau, semblable á un fil de soie écarlate. On comprend aisément quelle joie éprouvèrent le comte et Garin, en retrouvant pleine de vie celle qu'ils croyaient morte depuis de longs jours.

Wifred, très satisfait, ordonna que sa fille fût conduite á Barcelone, mais elle ne voulut pas abandonner la montagne et pria son père de faire construire, á l'endroit où l'on élevait un ermitage á Notre Dame, un monastère où elle et d'autres vierges se voueraient au service de la Reine du ciel.

C'est ainsi que le P. Yepes relate la fameuse légende de Frère Jean Garin. Plusieurs des détails de cette légende ont été prouvés, mais la plupart sont dus á la fantaisie populaire et aux exagérations de l'époque.

LA SANTA IMAGEN

Muchísimo se ha escrito y poetizado para describir la milagrosa imagen de Nuestra Señora de Montserrat (Lámina I), pero entre los autores que hemos leído, ninguno aventaja al reverendo Padre Martí y Cantó, que la describe en estos términos:

La imagen de María de Montserrat tiene en el todo una tal expresión de piedad, de superioridad y de dulzura, que no es fácil resistirse á las impresiones con que llama á nuestro espíritu. Si la veis, por primera vez, os dejará compungidos y arrebatados, y si repetís la visita y volvéis á contemplarla, quedaréis con mayores deseos de clavar vuestras miradas en aquel rostro divino que imprime en las almas el amor de Dios y el menosprecio del mundo; si vais tibios, enardecerá vuestros pechos; si sois pecadores, os convertirá.

No es su ternura como la ternura que se siente acá en la tierra: su vista conduce el corazón al cielo, y uno se cree transportado á una región más pura, contemplando de cerca aquella imagen que toda respira piedad y amor de Dios.

Mide 6 palmos catalanes; está sentada modestamente en una silla, y sostiene sobre las rodillas á su divino Hijo. Su fisonomía la representa de una edad mediana, y unos tres ó cuatro meses el Niño. El color es moreno, descubriendo en muchos puntos un brillo dorado... Sus ojos, hermosos y con la vivacidad de una madre cariñosa ó de una tierna amante, infunden piedad, infunden respeto ó infunden amor.

Sostiene María á su Hijo apoyándole la mano izquierda sobre su hombro izquierdo y con la derecha extendida hacia arriba y adelantada que pueda verla, le enseña un globo que representa el Mundo.

Diríase que el santo artífice que la construyó quiso darnos á entender la solicitud con que ruega María por nosotros, y la bondad con que cede Jesús á las oraciones de su Madre.

EXCURSIÓN Á MONTSERRAT

Hemos apuntado brevemente la historia, situación, y antecedentes de Montserrat, de su Monasterio y de la Regia Patrona de las montañas. Mucho queda á describir aún, pero, para no fatigar al lector con digresiones, daremos al resto

LA SAINTE-IMAGE

On a beaucoup écrit, en prose et en vers, pour décrire la miraculeuse image de Notre Dame de Montserrat (Planche I). Parmi les auteurs que nous avons lus, aucun ne surpasse le R. P. Martí Canto, qui la décrit dans les termes suivants:

L'image de Marie de Montserrat a dans son ensemble une telle expression de piété, de supériorité et de douceur, qu'il n'est pas facile de résister aux impressions quelle cause sur notre esprit. Si vous la voyez pour la première fois, vous resterez ébahis, enchantés; si vous la revoyez, si vous la contemplez de nouveau, vous éprouverez de plus grands désirs de clouer vos regards sur ce visage divin qui imprime aux âmes l'amour de Dieu et le mépris du monde; si vous êtes indolents, elle enflammera votre cœur; si vous êtes pécheurs, elle vous convertira.

Sa tendresse n'est point comme la tendresse que l'on ressent, ici-bas, sur la terre; son regard conduit le cœur au ciel et l'on se croit transporté vers une région plus pure, en contemplant de près cette image qui ne respire que piété et amour de Dieu.

Elle mesure six pans catalans; elle est modestement assise sur une chaise et tient sur ses genoux son divin Enfant. Sa physionomie la fait paraître d'un âge moyen; l'Enfant paraît avoir trois ou quatre mois. La couleur est brune, laissant percer en beaucoup d'endroits un éclat doré. Ses yeux sont beaux et ont la vivacité du regard d'une mère affectueuse ou d'une tendre amante; ils inspirent la piété, le respect et l'amour.

Marie soutient son Fils en appuyant sa main gauche sur son épaule gauche; de la main droite levée et assez avancée pour qu'il puisse la voir, elle lui montre un globe représentant l'Univers.

On dirait que le saint artiste qui l'a construite, a voulu nous donner à comprendre la sollicitude avec laquelle Marie prie pour nous et la bonté avec laquelle Jésus cède aux prières de sa Mère.

EXCURSION A MONTSERRAT

Nous avons tracé de la façon la plus laconique l'histoire, la situation et les antécédents du Montserrat, de son monastère et de la Reine patronne des montagnes. Nous aurions encore beaucoup à dire, mais ne voulant pas fatiguer le lec-

de estos apuntes la forma de una excursión á Montserrat sin determinar plazo de estancia, reseñando lo más notable que encierra en sus agrestes peñas, empezando la excursión desde Barcelona por Monistrol, y regresando por Collbató y Martorell.

A título de curiosidad, reproducimos un grabado de fines del siglo XVIII, en el que se podrá juzgar el estado de la santa montaña y sus ermitas antes de la invasión francesa.

Las Compañías del Norte y del ferrocarril con Cremallera, tienen establecido un servicio combinado de billetes de ida y vuelta valederos por seis días, bajo la siguiente tarifa de precios:

Desde Barcelona:

1.ª clase.	2.ª clase.	3.ª clase.
Ptas. 15,	10,15	7,50

Desde Manresa:

Ptas. 9,15	5,75	5,15

Sólo se permite á los viajeros llevar gratuitamente 10 kilos de equipajes en bultos de mano que no molesten á los demás pasajeros. Lo que exceda de este peso ha de facturarse.

La salida de Barcelona, es por la estación de los ferrocarriles del Norte, bajo el siguiente horario:

	Mañana.	Mañana.	Tarde.
Salidas de Barcelona	5.45	7.35	1,44
Llegadas á Monistrol	8,15	10.30	4,15

Estampa del siglo XVIII. — Estampe du XVIIIe siècle.

teur, nous nous bornerons à faire le récit d'une excursion au Montserrat sans nous arrêter sur aucun lieu déterminé, écrivant au courant de la plume ce que ces agrestes rochers renferment de plus remarquable. Nous partirons, à cette effet, de Barcelone, en passant par Monistrol pour retourner par Collbató et Martorell.

Nous reproduisons à titre de curiosité une gravure de la fin du XVIIIe siècle, qui permet de juger l'état de la montagne sainte et de ses ermitages avant l'invasion française.

Les compagnies des chemins de fer du Nord et du chemin de fer à crémaillère ont établi un service combiné de billets d'aller et retour valables pour six jours, au tarif suivant:

De Barcelone:

	1 classe.	2 classe	3 classes.
Ptas.	15,	10,15	7,50
De Manresa . . . . Ptas.	9,15	5,75	5,15

Les voyageurs n'ont droit qu'au transport gratuit de 10 kilos en petits colis ne gênant pas les passagers. Tout colis excédant ce poids doit être facturé.

Le départ de Barcelone a lieu à la gare des chemins de fer du Nord.

Les heures des départs et des arrivées sont les suivantes:

	Matin.	Matin.	Soir.
Départs de Barcelone	5,45	7,35	1,44
Arrivées á Monistrol	8,15	10,30	4,15

	Mañana	Mañana.	Tarde
Salidas de Monistrol.	8,25	10,35	4,25
Llegadas á Montserrat	9,25	11,35	5,25

Las horas para el regreso son las siguientes:

	Mañana	Tarde.	Tarde.
Salidas de Montserrat.	9.35	2,50	5,35
Llegadas á Monistrol.	10,35	3.50	6,35
Salidas de Monistrol.	10,40	4,	6,45
Llegadas á Barcelona.	1,	6,	9,25

Estos trenes enlazan con los que en sentido inverso se dirigen á Manresa y Lérida.

Recorrido el trayecto que separa Barcelona de Monistrol, en cuya línea se encuentran las industriosas ciudades de Sabadell y Tarrasa; dominándose siempre en el fondo de un esplendente panorama la silueta de los gigantescos montes, llegamos á Monistrol y los vemos ya cercanos; parece como si no nos separase de ellos más que una corta distancia, y sin embargo, el ferrocarril con Cremallera desde la estación (Lámina II), hasta el pueblo, há de recorrer 4 kilómetros, pasando antes el apeadero de la Bauma.

Atraviesa la población, cruza el río Llobregat, sobre sencillo puente metálico y empieza la ascensión, que en algunos puntos es verdaderamente atrevida é inverosímil, pues la pendiente en determinados sitios tiene hasta un 16 por 100 de desnivel.

La mente no alcanza á darse cuenta de los variados panoramas que se dominan desde cada uno de los puntos de vista que presenta la vía férrea, siempre variados y siempre nuevos; la línea es un continuo movimiento de curvas

Vista general de Montserrat. — Vue générale du Montserrat.

	Matin.	Matin	Soir.
Départs de Monistrol	8,25	10,35	4,25
Arrivées à Montserrat.	9,25	11,35	5,25

Les heures de retour sont les suivantes:

	Matin	Soir	Soir.
Départs de Montserrat.	9.35	2,50	5,35
Arrivées à Monistrol	10,35	3,50	6,35
Départs de Monistrol	10,40	4,	6,45
Arrivées à Barcelone	1,	6,	9,25

Ces trains embranchent avec ceux se dirigeant en sens inverse à Manresa et à Lérida.

On parcourt la distance qui sépare Barcelone de Monistrol et sur laquelle se trouvent les villes de Sabadell et de Tarrasa, en ayant toujours sous les yeux, au fond d'un splendide panorama, la silhouette des gigantesques montagnes qui se rapprochent à mesure qu'on atteint Monistrol. Un fois dans ce village, on se croirait arrivé à Montserrat et il y a cependant encore 4 kilomètres à parcourir en chemin de fer à crémaillère, depuis la gare de ce dernier (Planche II), jusqu'au village, avec station à la Bauma.

La ligne traverse d'abord le village, la rivière du Llobregat sur un simple pont métallique, puis commence l'ascension. audacieuse à certains endroits. presque invraisemblable, la rampe atteignant jusqu'à 16 pour 100.

Il est impossible de se former une idée de la diversité des panoramas qui se déroulent de chacun des points de la route aux yeux du voyageur.

Les courbes sont si nombreuses qu'à chaque instant la nature change d'as-

y más curvas, que cambian como por encanto, dando al viaje una amenidad pasmosa, imposible para descrita.

Peñascos gigantescos que la mano del hombre ha triturado para allanar el paso el férreo camino, abismos insondables que se cruzan y transponen unos tras otros, el ruido de la locomotora cuyos estridentes silbidos repiten mil y mil veces los ecos de las montañas, los crujidos de las ruedas engastándose sobre la dentada via; la ascensión es lenta y penosa, se atraviesa un tunel, viene otro luego (Lámina III), y después de atrevida curva por entre talladas rocas, disminuye la velocidad del tren, cesa el ruido, renace la calma en nuestro espiritu, reposa la imaginación y el vértigo desaparece.

¡Hemos llegado al Monasterio!

La calma, el bienestar; el silencio sólo interrumpido por la brisa moviendo levemente las hojas de los árboles, nos convida al reposo y á la meditación.

Curva del ferrocarril. — Courbe du chemin de fer.

Vemos sobre nuestras cabezas aquellas rocas inmensas que parecen sostenidas por milagroso equilibrio; nos hallamos en un mundo nuevo.

El aire puro que respiramos, al penetrar en nuestros pulmones parece nos inculca nueva vida, la imaginación se remonta á los más altos idealismos contemplando aquella salvaje naturaleza que la mano de Dios hizo surgir en medio de la fértil llanura de que se halla rodeada; y repuestos ya de la sorpresa que nos infunde la llegada al feliz término de la ascensión. dejamos la estacion del

pect et présente de nouveaux et admirables tableaux qu'on ne saurait dépeindre.

Des rochers géants que la main de l'homme a trituré pour poser la voie ferrée, des abimes insondables qui se croisent et s'entrecroisent á l'infini, le bruit de la locomotive dont les coups de sifflet stridents sont répétés des milliers de fois par les échos de la montagne, les grincements de la roue dentée sur les rails..., tout cela cause une impression étrange. L'ascension est lente, pénible. On traverse un tunnel, puis un autre (Planche III), et après avoir décrit une courbe d'une hardiesse extraordinaire au milieu des rochers fendus, la vitesse du train diminue, le bruit cesse, la tranquilité renait dans l'esprit, l'imagination repose et le vertige disparait. Nous voilà arrivés au Monastère !

Le calme, le bien-être, le silence interrompu seulement par le bruit de la brise à travers les feuillées des arbres, invitent au repos et à la méditation.

Estación del ferrocarril. — Gare du chemin de fer.

Nous nous trouvons dans un monde nouveau, ayant au-dessus de nos têtes ces rocs immenses qui paraissent soutenus par un équilibre miraculeux.

En pénétrant dans nos poumons, l'air pur que nous respirons semble nous

ferrocarril que nos ha conducido desde Monistrol, y á doscientos pasos á la derecha encontramos la puerta del monasterio (Lámina IV).

Estamos á 800 metros sobre el nivel del mar.

EL MONASTERIO

Llegado el viajero al Monasterio, su primer cuidado ha de ser presentarse al *despacho de aposentos* situado en la misma plaza.

En este particular, Montserrat difiere de todos los centros de excursión y recreo conocidos, pues siguiendo lo prescrito en el Reglamento del orden de Benedictinos á que pertenece, ofrece gratuita hospitalidad á cuantos se presentan y sólo en concepto de limosna, admite el administrador la retribución que el viajero quiera espontáneamente darle, sin que sea obligatoria.

Vista del Monasterio. — Vue du Monastère.

Se lleva un registro exacto donde se inscriben los nombres, procedencia de los viajeros y cuantos detalles son necesarios para la clasificación del número y calidad de habitaciones que corresponden á los mismos desde su llegada, y cuida de aposentarles un criado de la sección á que se les destina, el cual queda desde este momento á su disposición.

donner une vie nouvelle: l'imagination s'envole vers les sphères les plus élevées de la pensée, en contemplant cette nature sauvage que la main de Dieu fit surgir au milieu de la plaine fertile qui l'entoure.

Remis de l'émotion première que cause l'heureuse arrivée au terme de l'ascension, nous sortons de la station du chemin de fer. A deux cents pas se trouve la porte du monastère (Planche IV).

Nous sommes à 800 mètres au-dessus du niveau de la mer.

LE MONASTÈRE

Dès que le voyageur arrive au Monastère, la première chose qu'il doit faire. c'est de se rendre au bureau des *aposentos* (logements), situé sur la place.

Montserrat diffère de tous les autres lieux d'excursions et de divertissements connus. en ce que, en vertu du règlement de l'ordre des Bénédictins auquel appartient, l'hospitalité est gratuite pour tous les visiteurs. L'administrateur n'admet qu'à titre d'aumône, ce que les voyageurs veulent bien lui donner.

On prend note des noms des voyageurs, du lieu d'où ils arrivent et de tous autres renseignements nécessaires pour désigner la catégorie des habitations qui doivent leur être destinées. Dès leur arrivée, un domestique les accompagne, et se met à leurs ordres.

Les voyageurs doivent s'occuper de leur nourriture. L'excursionniste peut, s'il le désire, prendre un logement avec cuisine, ou bien prendre ses repas au restaurant où l'on est servi à des prix relativement très économiques. Les logements les plus importants sont ceux dits de *Sainte-Thérèse*. sans cuisine, et ceux de Saint-Louis de Gonzague. avec cuisines.

Il existe au Monastère un magasin où l'on trouve des comestibles, des légumes, du tabac, etc., etc. Tous les matins, de sept à neuf heures, s'ouvre un petit marché sur la place, où les paysannes des environs vendent des victuailles, du lait et toutes sortes de denrées alimentaires. Il existe, en outre, des appartements de luxe pour les cas exceptionnels, avec remise, écurie et tout ce que peut désirer le *sportman* ou le *touriste* le plus exigeant.

Au restaurant, on peut manger à la carte, aux mêmes prix qu'à Barcelone, ou bien, à prix fixe, au prix moyen de 4 francs par repas.

La manutención es independiente, y si el excursionista lo desea, puede tomar habitaciones con cocina, de lo contrario, existe un Restaurant en donde se come con relativa economía. Los aposentos preferidos sin cocina son los de *Santa Teresa*, y para los que llevan servicio y quieran hacerse la comida los de San Luis Gonzaga. En el mismo Monasterio existen expendedurías de comestibles, legumbres, tabacos, etc., etc..., por las mañanas de siete á nueve hay un pequeño mercado en la plaza del Monasterio, donde las campesinas de los alrededores traen viandas frescas, leche y toda clase de productos alimenticios. Existen además en el Monasterio habitaciones régias para casos especiales, así como cuadras, caballerizas y cuanto pueda apetecer el más exigente *sportmam ó tourisle*.

En el *Restaurant* se puede comer á la carta á los mismos precios de Barcelona ó bien á cubiertos al precio medio de 4 pesetas por comida.

Hay también un local especial donde hallan completa acogida los pobres de solemnidad y peregrinos mendicantes. Los dias de *ayuno* previstos por la santa Iglesia, no se encuentra carne en el Monasterio, así como está rigurosamente prohibido en su recinto el juego, baile, música y todo cuanto pueda interrumpir el recogimiento y quietud que debe inspirar á nuestro espíritu, la contemplación de la sublime naturaleza en que se adora al Dios Creador y á la Santísima Virgen. En la época de aglomeración de viajeros la estancia se limita á tres dias enteros si se hace necesario por falta de aposentos.

Instalados ya, la curiosidad nos mueve á darnos cuenta de la situación y forma del Monasterio.

Para llegar al *despacho del Aposentador*, hemos subido la primera avenida, á la derecha de la cual hemos visto los antiquísimos aposentos de Santa Escolástica y Santa Gertrudis, siendo el lado izquierdo limitado por el muro de la avenida ó plaza superior. Hemos visto frente á nosotros el nuevo edificio *Hospedería de San José* y á la izquierda hemos encontrado la plaza, donde además de las habitaciones de San Alfonso, San Benito y Santa Teresa, hay los despachos de comestibles, restaurant, barbería, caballerizas, etc., y el despacho de los aposentos que ya hemos visitado.

Al fondo de esta plaza están las habitaciones del personal empleado en el Monasterio y un pequeño Museo que contiene fragmentos y estatuas de escaso valor artístico.

Il y a aussi un local spécial où sont accueillis les pauvres déclarés et les mendiants pèlerins. Les jours où l'on doit faire maigre, d'après la Sainte Eglise, on ne trouve pas de viande à Montserrat. Il est également défendu en toute rigueur de jouer, de danser, de faire de la musique; en un mot, d'interrompre le recueillement et la tranquilité que doit inspirer à notre esprit la contemplation de ce site merveilleux où l'on adore le Dieu Créateur et où l'on vénère la Sainte Vierge.

Aux époques où l'agglomération des visiteurs est excessive, le séjour au monastère est fixé à trois jours complets, afin que tout le monde puisse avoir un logement.

Une fois installés, la curiosité nous porte à nous rendre compte de la situation qu'occupe le Monastère et de sa construction.

Pour atteindre le bureau du moine hospitalier (*aposentador*), nous franchissons la première avenue, à droite de laquelle nous voyons les antiques logements de Sainte-Scolastique et de Sainte-Gertrude. Le côté gauche de l'avenue se trouve limité par un mur ou place supérieure. Vis-à-vis se trouve le nouvel édifice dit *Hospederia de Saint-Joseph;* à gauche, la place sur laquelle se trouvent les logements de Saint-Alphonse, Saint-Benoît et Sainte-Thérèse, les magasins de comestibles, le restaurant, le coiffeur, les écuries, etc., et le bureau des logements que nous avons déjà visités.

Au fond de cette place se trouvent les habitations du personnel attaché au Monastère et un petit Musée renfermant des fragments et des statues d'une valeur artistique presque insignifiante.

En revenant sur nos pas, du côté opposé de l'*Hospederia de Saint-Joseph*, nous trouvons une grande place sur la droite de laquelle un long belvédère offre au voyageur un agréable lieu de repos (Planche V). C'est un des meilleurs sites du Monastère, car outre le mouvement des trains et des voitures, on y jouit de la vue d'un panorama enchanteur.

Sur le côté gauche de la place, existent les restes du cloître gothique (Planche VI), et la primitive porte byzantine de l'ancien monastère (Planche VII), les seuls qui furent miraculeusement sauvés de la destruction en 1811. Eparpillés, de ci de là, on voit des piliers du cloître, des pans de murs, vestiges de l'importance architectonique de ce monastère avant l'invasion française.

Sous les arcs ogivaux du cloître existe le bureau où l'on vend des médailles,

Volviendo sobre nuestros pasos y al lado opuesto de la Hospederia de San José, hallamos una gran plaza, á la derecha de la cual un largo mirador ofrece reposo al viajero (Lámina V); es uno de los mejores sitios del Monasterio, pues además del movimiento de trenes y carruajes, desde allí se domina un panorama encantador.

A la izquierda de la plaza existen los restos del claustro gótico (Lámina VI), y la primitiva puerta bizantina del antiguo monasterio (Lámina VII), únicos restos salvados milagrosamente de la destrucción en 1811. Esparcidos por doquier vense pilastras del claustro, trozos de muros, vestigios todo, de la importancia arquitectónica que antes de la invasión francesa tenia este Monasterio.

Debajo los arcos ojivales del claustro, existe el despacho en que se expenden medallas, estampas, escapularios y toda suerte de objetos, recuerdo de Montserrat, los cuales son bendecidos por el *Padre Aposentador* á petición de los compradores.

Atravesamos el pasadizo donde existen las lápidas conmemorativas de la estancia en el Monasterio, de San Ignacio de Loyola y San Pedro Nolasco, y saldremos á la plaza de la iglesia.

Esta es rectangular, con tres lados porticados y la fachada de la iglesia al fondo.

Existen en ella varias dependencias y aposentos, y se admiran en sus muros algunos antiguos sepulcros que hasta hace poco tiempo estuvieron tapiados.

FACHADA DE LA IGLESIA

Hemos hablado ya en párrafos anteriores del templo de Montserrat en lo que se refiere á su historia y construcción. Réstanos sólo describir su estado actual.

La fachada (Lámina VIII) consta de dos cuerpos, de estilo Renacimiento de la decadencia, degenerando su remate en barroco y coronándola un gran roseton que da luz al coro y al centro de la nave.

En el centro de la fachada hay una grande y espaciosa puerta cuadrangular, que es la única que da entrada á la iglesia. A cada uno de sus lados destácase un primer cuerpo, compuesto de tres columnas corintias aisladas cubiertas por una cornisa, en cuyo centro fué colocada la imagen del Salvador esculpida en

des estampes, des scapulaires et toutes sortes d'objets ou souvenirs du Monastère, bénis par le *moine hospitalier* si les acheteurs le lui demandent.

Traversant le couloir où existent les pierres commémoratives du séjour au Monastère, de Saint-Ignace de Loyola et de Saint-Pierre de Nolasque, nous débouchons sur la place de l'église, rectangulaire, avec trois côtés à portiques et, au fond, la façade de l'église.

Il existe sur cette place diverses dépendances et divers logements, et l'on voit sur ses murs d'anciens sépulcres qui étaient restés masqués jusqu'à présent.

FAÇADE DE L'ÉGLISE

Nous avons déjà parlé du temple de Montserrat, au point de vue historique et de sa construction; il ne nous reste donc qu'à le décrire tel qu'il est aujourd'hui.

La façade (Planche VIII) se compose de deux corps, de style Renaissance de la décadence, qui dégénèrent en rococo vers l'amortissement. Elle est couronnée par une grande rose qui éclaire le chœur et le centre de la nef.

Au centre de la façade existe une grande et spacieuse porte quadrangulaire, unique entrée du temple. Des deux côtés se détache un premier corps formé par trois colonnes d'ordre corinthien, isolées, couronnées par une corniche au centre de laquelle fut placée une image du Sauveur, sculptée en marbre de Carrare. Sur le dit corps s'en élève un autre formé par trois piliers.

Dans les entre-colonnements et entre les piliers se trouvent douze niches terminées en coquilles, lesquelles contenaient les statues des apôtres. Ces statues avaient été placées là, bien après que fût construit le temple; mais il n'en reste plus que quatre et encore sont-elles mutilées. (Les restes des autres se trouvent au Musée.)

La façade est couronnée par une frise au centre de laquelle se trouve un bas-relief représentant l'Annonciation de la Sainte Vierge. Des deux côtés se détachent des écussons sculptés aux armes d'Espagne et de Montserrat.

Un fronton semi-circulaire, au centre duquel est sculptée l'image de la Très Sainte Vierge, est placé sur le linteau de la porte, sous la corniche.

mármol de Carrara. Sobre dicho cuerpo se levanta otro compuesto de tres pilastras.

En los intercolumnios y entre las pilastras hay doce hornacinas, que rematan con una concha, las cuales cobijaban las imágenes de los apóstoles, colocadas con mucha posterioridad á la conclusión de la obra; de éstas sólo quedan cuatro y aun mutiladas. (En el Museo están los restos de las demás.)

Corona el frontis un friso, en cuyo centro un bajo relieve representa la Anunciación, y en los cuerpos laterales están esculpidos los escudos de España y de Montserrat.

Sobre el dintel de la puerta y debajo la cornisa hay un frontón de forma semicircular en el centro del cual está esculpida la imagen de la Santísima Virgen.

EL INTERIOR

La sola nave que forma el interior de la iglesia, mide 33 metros de ancho, 68 metros de largo y 15 de altura. Abrense en cada lado seis espaciosas capillas de 6 metros, las cuales en la galería superior están acusadas por las capillas altas sobrepuestas á las mismas. Ciérranse las bajas con elegantes verjas, y reciben nacarada luz por medio de ventanas cuadrilongas, con preciosas vidrieras de colores las dos últimas son abiertas y dan paso á la Sacristía y Camarín. Las altas se iluminan por medio de rosetones y forman una galería ó *triforium* con arcos trilobados sostenidos por cuatro columnas.

De éstas, las dos primeras están ocupadas por el coro alto, y las dos siguientes por el órgano. (Lámina IX).

Las sillas del coro son modernas, de estilo Renacimiento, y en el centro hay un notable atril, con un grupo escultórico que representa á Jesucristo, la Virgen y la Magdalena, obra del escultor señor Guixá.

El estilo de decoración de la iglesia es bizantino modernizado, muy recargado de adornos y de oro. Las paredes son ricamente policromadas.

Separa una parte del templo con el resto, rica verja de hierro forjado colocada en el límite de los muros machones que dividen la segunda y tercera de las capillas. Dicha reja fué construída en Manresa y costeada por Fernando VII.

Cierra la nave el presbiterio de forma poligonal de siete lados y en los primeros hay las puertas que comunican con la sacristía, y sobre éstas, dos arcos

INTÉRIEUR DE L'ÉGLISE

La seule nef que forme l'intérieur de l'église a 33 mètres de largeur, sur 68 mètres de longueur et 15 de hauteur. De chaque côté il y a six spacieuses chapelles de 6 mètres chacune, et, sur celles-ci, s'élèvent six autres chapelles suivant la galerie. Les chapelles inférieures sont fermées par d'élégantes grilles et reçoivent la lumière par des fenêtres barlongues, avec vitraux peints. Les deux dernières chapelles sont ouvertes sur la sacristie et donnent accès à celle-ci et au *Camarin*. Les chapelles supérieures sont éclairées par des roses et forment une galerie ou triforium avec arcs trilobés soutenus par quatre colonnes.

Interior de la iglesia. — Intérieur de l'église.

Les deux premières de ces chapelles sont occupées par le chœur supérieur et les deux suivantes par l'orgue (Planche IX).

Les stalles du chœur sont modernes, de style Renaissance, et au milieu il existe un pupitre, avec un groupe de sculpture représentant Jésus-Christ, la Vierge et la Madeleine, œuvre du sculpteur M. Guixá.

semi-circulares en los que descansan dos tribunas; tiene la parte alta de cada lado del poligono un roseton de luces igual á los que existen en las capillas altas. Limita el presbiterio, al que se accede por cuatro escalones; sencilla y finísima verja cuyos extremos se apoyan en dos pilastras que sostienen las bonitas estatuas de San Miguel Arcangel y Santiago Apóstol. En los seis ángulos restantes del poligono, parecidas columnas sirven de sostén á las estatuas de seis santos titulares de las ermitas.

El cuerpo bajo, formado por elegantes arcuaciones, asi como el precioso tabernáculo colocado en el centro del presbiterio tienen toda su ornamentación en oro, ostentando la parte alta seis magnificas pinturas murales alusivas.

En el centro destaca precioso templete dorado, al fondo del cual se admira la Santa Imagen, la Virgen Soberana de estas Montañas.

Los muros de la fachada miden 1'27 metros de espesor, y los laterales 1'94 metros.

Las capillas laterales están ya terminadas; sólo falta acabar la que costea la familia Bultó y Sert. En ellas se han construido últimamente unos artisticos confesionarios de cedro. La capilla de San Benito contiene notables cuadros de don C. Lorenzale.

Desde la sacristia, muy espaciosa, pero sin valor artistico determinado, pasaremos, entre otras dependencias, á la sala de las ofrendas y de los exvotos, palmaria demostración de la fe que en Cataluña se profesa á la Virgen de Montserrat, accediéndose después al Camarin por elegante y espaciosa escalera recientemente terminada, en la cual, al lado de las puertas, se admiran dos preciosas conchas para el agua bendita.

El pavimento del Camarin es de mosaico romano y en el centro destaca el escudo de este real Monasterio. Sobre los pilares remata un ángel ricamente ataviado, con cuatro alas de bronce bruñido.

Hermosas vidrieras de colores hermosean los arcos que dan al exterior, decorando las paredes simbolos de alabanza á la Santisima Virgen. Hay dos altares, en uno de los cuales está el gran cuadro de Nuestra Señora de Montserrat, que se colocó en la fachada de la iglesia en las fiestas del Milenario.

La Santa Imagen está colocada sobre un trono de mármoles, que forma como su peana, y debajo de un templete que remata dignamente la monumental obra del Camarin de la Virgen de Montserrat.

L'ornementation est de style byzantin modernisé, très chargé d'ornements et d'or. Les murs sont richement polychromés.

Une précieuse grille en fer forgé placée sur la limite des fausses-alettes qui séparent la deuxième et la troisième chapelle, divise le temple en deux parties. Cette grille fut construite à Manresa et payé par le monarque Ferdinand VII.

Le sanctuaire forme un polygone de sept côtés et termine la nef. Sur les premiers côtés se trouvent les portes communiquant avec la sacristie. Deux arcs semi-circulaires sur lesquels reposent deux tribunes se trouvent sur ces portes. Sur la partie haute, de chaque côté de l'heptagone, il existe une rose ajourée pareille à celles qui existent dans les chapelles supérieures. Le sanctuaire, dans lequel on accède par quatre marches, termine par une simple et très fine grille, partant des deux piliers qui supportent les jolies statues de Saint-Michel-Archange et l'apôtre Saint-Jacques; aux six angles restants du polygone, des colonnes semblables servent d'appui aux statues de six saints dont les ermitages portent les noms.

Le corps inférieur, formé par d'élégantes arcatures, ainsi que le précieux tabernacle placé au centre du sanctuaire, sont décorés d'or. Il y a sur la partie supérieure six magnifiques peintures murales allégoriques.

Au centre se détache une délicate niche en tabernacle, dorée, au fond de laquelle on peut admirer l'image de la Vierge, Souveraine des ces montagnes.

Les murs de la façade ont 1,m27 d'épaisseur, et, ceux des côtés, 1,m94.

Les chapelles latérales sont déjà terminées, excepté celle qui paye la famille Bultó et Sert. Elles ont été enrichies dernièrement par des artistiques confessionnals en cèdre. La chapelle de Saint-Benoît contient de notables tableaux du peintre C. Lorenzale.

En nous rendant à la sacristie, très spacieuse, mais dépourvue de valeur artistique, nous trouverons entr'autres dépendances, la salle des offrandes et des ex-voto, preuve évidente de la foi de la Catalogne envers la Vierge de Montserrat, et nous atteindrons le Camarin par un artistique escalier très spacieux qui vient de se terminer et dans lequel on peut admirer au côté des portes deux merveilleuses coquilles qui servent de bénitiers.

Le pavé du Camarin est en mosaïque romaine; au centre se détache l'écusson du royal monastère. Sur chaque pilier se trouve un ange richement paré, avec quatre ailes en bronze bruni. Des jolis vitraux de couleurs enjolivent les arcs qui

El ábside, visto desde su parte exterior, es severo y elegante (Lámina X), dominándose desde sus ventanales los más variados y bellísimos panoramas.

Las Catacumbas, á las que se desciende por la escalera reservada del Camarín, ocupan igual extensión que la sacristía, son en forma de cripta, y en ellas existen las sepulturas de los abades y monjes del Monasterio.

En el fondo destaca un altar con un *Resurrexit;* su construcción es de estilo románico y recibe luz por una pequeña ventana rectangular abierta en el lado de la carretera.

Visitamos después la Biblioteca, que aun siendo muy importante no es sombra de lo que fué, la *Sala Capitular,* las lámparas, el refectorio, y finalmente, el edificio anexo llamado la *Escolanía.*

El tesoro, albajas y ornamentos del Monasterio, á pesar de la expoliación sufrida en 1811, contiene joyas y objetos de inmenso valor.

La brevedad de estos apuntes, no nos permite hacer un estudio completo ni sumariado del tesoro de la basílica Montserratina. Damos sólo (Lámina XI) la reproducción del terno bordado con oro y sedas sobrefondo morado que está destinado á las funciones de Semana Santa, y fué ejecutado por las religiosas del convento de Santa Clara, que lo regalaron á la reverenda comunidad del Monasterio en 1873.

ANEXOS

La Escolanía. — Así se denomina el edificio Conservatorio de Música. Se encuentra al lado del *Safreitx* y es notable la puerta por su sabor artístico. En la parte superior, ostenta elegante medallón circular representando á la Virgen con el niño Jesús en brazos, rodeado de ángeles. Debajo están grabadas las palabras *Sinite parvulos venire ad me.*

Hemos ya indicado las diferentes faces históricas de *La Escolanía;* réstanos sólo hablar de su presente.

El edificio tiene magníficas condiciones de *confort* y salubridad. En cuanto á su organización interior es severa y perfecta. Sólo así se comprende que hayan salido de Montserrat jóvenes que han llegado á ser verdaderas notabilidades en el arte. A los alumnos se les nombra *pajes* de la Virgen, título que se les confiere solemnemente á su entrada, en el Camarín.

El domingo que precede á la fiesta de San Nicolás, patrón de *La Escolanía,*

donnent au dehors; des symboles de louanges à la Sainte Vierge décorent les murs. Il y a deux autels, sur l'un desquels se trouve le grand tableau de Notre Dame de Montserrat, qui fut posé sur la façade de l'église lors des fêtes du Millénaire.

La Sainte Image est placée sur un trône en marbre formant une espèce de piédestal, sous une niche en tabernacle que couronne dignement l'œuvre monumentale du *Camarín* de la Vierge de Montserrat.

L'extérieur de l'abside est sévère et élégante (Planche X). On jouit de ses fenêtres des panoramas les plus beaux et les plus variés.

Les Catacombes, auxquelles on descend par l'escalier réservé du *Camarín,* occupent toute l'extension de la sacristie. Elles présentent la forme d'une cripte, de style roman, éclairée par une petite fenêtre rectangulaire donnant sur la route. Au fond se détache un autel avec un *Resurrexit.* C'est là qui sont enterrés les abbés et les moines du monastère.

Nous visitons ensuite la bibliothèque, laquelle, quoique très importante, n'est pas même une ombre de ce qu'elle fut, la *salle Capitulaire,* les lampes, le réfectoire et, enfin, l'édifice annexe nommé *la Escolanía* (la Maîtrise).

Le Trésor (bijoux et ornements du monastère), malgré l'expoliation qù il subit en 1811, renferme encore des joyaux et des objets d'une immense valeur.

La brièveté de ces notes ne nous permet pas de tracer une étude complète, pas même résumée, du trésor de la basilique Montserratine. Nous reproduisons seulement (Planche XI) la chasuble et les deux dalmatiques brodées d'or et de soies sur fond violet foncé, employées pour les cérémonies de la Semaine Sainte, qui furent exécutées par les religieuses du couvent de Sainte-Claire qui en firent cadeau à la communauté du monastère en 1873.

ANNEXES

La Maîtrise. — Ainsi appelé ce batiment est le Conservatoire de Musique. Se trouve au côté du *Safreitx* et sa porte est digne d'être remarquée par son goût artistique. Dans la partie supérieure il y a un medaillon circulaire représentant la Sainte Vierge avec l'enfant Jésus dans ses bras, entouré d'anges. Au dessous une inscription gravée dit *Sinite parvulos venire ad me.*

se celebra una ceremonia que merece ser descrita, y consiste en nombrar entre ellos, al que ha de ser el *Obispo* del año.

El nombrado *Obispo* toma posesión de su cargo la vispera del Santo, y nombra un *Vicario general*, sus *Coadjutores y Secretario*. Durante ocho días viste el traje episcopal morado con sombrero verde, y acompañado de su secretario visita á los monjes y al Abad, estando libre de todo trabajo; antes al contrario, tiene á su servicio uno de los criados de la casa. En la procesión que se celebra aquel día, asi como en el resto de las fiestas, el *escolán Obispo* asiste luciendo siempre el traje de pontifical.

Es una fiesta de carácter íntimo que encanta por la inocente ilusión que produce en sus héroes.

Huerto de los monjes. — Como dependencia del Monasterio y muy cercano al mismo, encontramos el *Safreitx* (algibe) y el *Huerto de los monjes*, que viene á ser la primera y más cómoda excursión que hace el viajero al llegar á Montserrat. Saliendo por la puerta situada al extremo de los pórticos, hallamos á la izquierda, un pasaje cubierto que nos conduce á una pequeña escalera por la que se sube al *Safreitx*, inmenso algibe rodeado de colosales estatuas, que contiene 10,000 hectólitros de agua, cantidad suficiente para las necesidades del Monasterio en los tiempos de sequia.

Entrada al huerto de los monjes.
Entrée au jardin potager des moines.

Nous avons déjà retracé l'histoire de *La Maîtrise*, il ne nous reste donc qu'à parler de son état actuel.

L'édifice réunit d'excellentes conditions de salubrité et de confort. Quant à son organisation intérieure, elle est sévère et parfaite. Aussi comprend-on qu'il soit sorti de Montserrat des jeunes gens qui sont devenus de véritables célébrités musicales. Les élèves sont nommés *pages* de la Vierge, titre qui leur est décerné solennellement dans le *Camarin*, dès leur entrée à la Maîtrise.

Le dimanche qui précède la fête de Saint-Nicolas, patron de *La Maîtrise*, on célèbre une cérémonie qui mérite d'être décrite. Ce jour-là, les enfants de chœur élisent parmi eux celui qui doit être leur *Evêque* pendant l'année.

L'*Evêque* prend possession de sa charge la vieille de la fête du Saint et nomme son *Vicaire général*, ses *Coadjuteurs* et ses *Secrétaire*. Pendant huit jours on le revêt de l'habit épiscopal violet avec chapeau vert, et, accompagné de son secrétaire, il rend visite aux moines et à l'Abbé. Il est dispensé de tout travail, il est même servi par un domestique de *La Maîtrise*. Le petit Evêque, toujours revêtu des vêtements pontificaux, assiste à la procession qui a lieu ce jour-là, ainsi qu'aux autres cérémonies.

C'est une fête intime, qui vous charme par la douce illusion qu'elle produit chez ses héros.

Jardin potager. - Très près du Monastère, nous trouverons d'autres dépendances, le *Safreitx* (bassin, réservoir), et *le jardin potager des moines*, qui forment le but de la première excursion que fait le voyageur pendant son séjour à Montserrat.

En sortant par la porte située à l'extrémité des portiques, par un passage couvert que nous trouvons sur la gauche, on monte un petit escalier qui conduit au *Safreitx*, immense réservoir entouré de statues colossales, contenant 10,000 hectolitres d'eau, quantité suffisante pour les besoins du Monastère aux époques de sécheresse.

Ce bassin fut construit en 1749, et les douze statues qui l'entourent, furent sculptées par le frère lai Joseph de Saint-Benoît, natif de Flandre. Plus tard on établit, à côté même, *le jardin potager des moines*, où sont cultivés des verdures et des légumes exquis.

A côté du *jardin* se trouve la chapelle de Saint-Aciscle et de Sainte-Victoire (Planche XII), beaucoup plus ancienne que le monastère, car l'on croit

Fué construído en 1749, y las doce estatuas que lo rodean fueron esculpidas por el lego José de San Benito, natural de Flandes. Más tarde se estableció al lado del mismo, el *Huerto de los monjes*, donde se cultivan exquisitas legumbres y verduras.

Inmediata á la huerta, se halla situada la capilla de San Acisclo y Santa Victoria (Lámina XII), que se atribuye al siglo VI, siendo por lo tanto mucho más antigua que el mismo Monasterio, la cual se cree fundada por algunos cristianos fugitivos de Córdoba, en donde acababan de sufrir martirio los Santos titulares de la Capilla.

La campana que existía sobre la puerta la llamaban *del Milagro*, porque tocaba por sí sola (según cuenta la tradición) cuando se aproximaba fray Garín.

Quedó abandonada esta capilla en 1835, pero el abad Muntadas la restauró y volvió á dársele culto en 1858.

El panorama que se domina desde la plataforma de esta capilla es espléndido y encantador.

En las siguientes excursiones que emprenda el viajero, por los alrededores del Monasterio, podrá apreciar su magnitud é importancia, de las que darán ligera idea, la lámina XIII con la vista total tomada desde la miranda de San Miguel, en la cual además del Monasterio puede verse al pie de los altos peñascos de Santa Magdalena, las ruinas de la ermita de la Trinidad.

En la lámina XIV vemos la iglesia y convento. Sobre el antiguo campanario y'en el borde de una peña, desmembrada en parte, las ruinas de la llamada *ermita del diablo* y en la parte más elevada del Monte la ermita de San Dimas. En la lámina XV la iglesia y aposentos con parte del huerto de los monjes á la derecha, y la Hospedería de San José á la izquierda; y finalmente el Monasterio á vista de pájaro, tomado desde el atajo que conduce á San Gerónimo, que se reproduce en la lámina XVI.

La Capilla de los Apóstoles. —La Capilla de los Apóstoles, de humildísima construcción, está emplazada muy cerca de la de San Acisclo y Santa Victoria; es del siglo XVI y se atribuye á un monje del mismo Monasterio, que siendo devoto de los Santos Apóstoles, recabó y obtuvo del padre Abad el permiso necesario para construirla en el punto donde empieza el atajo que conduce á Monistrol por la *Massanera*.

qu'elle fut bâtie au VI⁰ siècle par des chrétiens fugitifs de Cordoue, où venaient d'être martyrisés les Saints titulaires de la chapelle.

La cloche qui existait sur la porte, était appelée cloche *du Miracle*, parce qu'elle sonnait seule (dit la tradition) lorsque Jean Garin s'approchait.

Cette chapelle se vit abandonnée en 1835, mais l'abbé Muntadas la restaura et le culte y fut rétabli en 1858.

Le panorama qui se déroule de la plate-forme de cet ermitage est splendide et enchanteur.

Capilla de los Apóstoles. — Chapelle des Apôtres.

Dans les excursions suivantes qu'entreprendra le voyageur aux environs du Monastère, il pourra se rendre compte de la grandeur et de l'importance de ce dernier, dont il peut juger, légèrement, par l'examen de la planche XIII, reproduisant une vue d'ensemble prise du plateau de Saint-Michel. Sur cette vue, outre le Monastère, l'on peut voir, au pied des rochers élevés de Sainte-Magdeleine, les ruines de l'ermitage de la Trinité.

En la misma plataforma, existe una *cruz de término*, que señalaba el límite de los dominios del Monasterio.

EXCURSIÓN Á LOS DEGOTALLS, SANTA CECILIA Y ROCAFORADADA

Los Degotalls. — Sitio preferido de cuantos visitan las Montañas de Montserrat; se halla situado sólo á un kilómetro del Monasterio; al Noroeste del *Safreitx;* el camino tiene 2 metros de ancho, sin cuestas empinadas, y por su especial orientación, se disfruta en él de una temperatura agradable y fresca, aun en las horas más calurosas del verano.

Al final del paseo, que de tal puede calificarse, á pesar de estar parte del mismo flanqueado por enormes peñas que parecen disputar el paso al caminante, hallaremos una reducida plazoleta, en la que rústica mesa y cómodos bancos convidan al reposo.

La gruta del fondo (lámina XVII), donde se halla la fantástica cascada, está formada por caprichosas estalactitas, de las que como lluvia de rocío se desprende el agua formando innumerables hilos de plata, que se recogen en el estanque para perderse en una pequeña caverna, formada por las irregularidades del terreno.

Desde el paseo de los *Degotalls* y cerca del banco llamado *Pedris dels bisbes* (1) se domina el antiguo monasterio de Santa Cecilia, cuyo camino es el que bifurca en este mismo sitio con el de los *Degotalls*.

Monasterio de Santa Cecilia. — Era un antiguo Monasterio de monjes benedictinos situado cerca del Castillo del Marro, que tomó á los moros Carlo Magno en la batalla que allí les ganó en 797. Hizo voto el 22 de Noviembre de levantar este templo á Santa Cecilia, haciendo donación de todo el territorio á Rodulfo, uno de los más valientes caballeros en aquella campaña, quedando terminada la iglesia en 872.

El año 945, Cesáreo, presbítero, dejó fundado el monasterio de Santa Cecilia, obteniendo en 951 para sí el título de abad, hasta que el obispo de Vich, Waldamiro, dióle la regla de San Benito en 957.

(1) Llamado así por ser el sitio donde acostumbraban á sentarse los tres obispos que se mencionan en las líneas 4.ª y 5.ª de la página 22.

La planche XIV représente l'église et le couvent: sur l'ancien clocher, au bord d'un rocher en partie brisé, les ruines de l'ermitage dit du Diable, et, sur la partie la plus élevée de la montagne, l'ermitage de Saint-Dimes.

La planche XV représente l'église, les logements et une partie du jardin potager des moines, à droite; l'*Hospederia de Saint-Joseph*, à gauche; et. enfin, le Monastère vu à vol d'oiseau depuis le sentier qui conduit à Saint-Gérôme, que nous reproduisons planche XVI.

La Chapelle des Apôtres.—La chapelle des Apôtres, de très modeste construction, est située tout près de celle de Saint-Aciscle et de Sainte-Victoire. Elle date du xvie siècle et fut bâtie, dit-on, par un moine du Monastère très fervent des saints Apôtres, qui obtint de l'abbé la permission de construire une chapelle là où prend naissance le sentier de traverse qui conduit à Monistrol par la *Massanera*.

Sur le petit plateau qui se trouve devant la chapelle, existe une croix de chemin en pierre, qui indiquait la limite des domaines du Monastère.

EXCURSION AUX DEGOTALLS, SAINTE-CÉCILE ET LA ROCHE TROUÉE

Les Degotalls. —C'est le lieu préféré de tous ceux qui visitent les montagnes de Montserrat. Il se trouve à 1 kilomètre du Monastère, au Nord-Ouest du *Safreitx*. La route, presque plate à 2 mètres de large, et comme elle n'est pas exposée au soleil, on y jouit, aux jours les plus chauds de l'été, d'une température agréable et fraîche.

Après avoir traversé la promenade, c'est le nom qui convient à ce site malgré les grandes masses de rochers qui semblent disputer le passage au promeneur, nous nous trouverons sur une petite place avec table et bancs rustiques qui vous invitent au repos.

La grotte du fond (Planche XVII) où se trouve la féerique cascade, est formée par de capricieuses stalactites desquelles tombe l'eau sous forme de rosée, formant d'innombrables fils d'argent que recueille l'étang, et qui vont se perdre dans une caverne formée par les irrégularités du terrain.

De la promenade des *Degotalls* et tout près du banc connu sous le nom de

En 1539 murió el último abad de Santa Cecilia quedando agregado definitivamente á Montserrat, y desde entonces sólo hubo allí una parroquia. El 22 de Noviembre de 1862, el abad Muntadas bendijo la iglesia, restaurada de los desperfectos ocasionados por el incendio cuando la invasión francesa de 1811.

Son notables en el actual edificio, que es objeto de nuevas obras de restauración, la pila Bautismal y los tres escudos que existen sobre la puerta de entrada.

Antiguo monasterio de Santa Cecilia. — Ancien monastère de Sainte-Cécile.

Está situado á 5 kilómetros del Monasterio y su camino es continuación del de los *Degotalls* desde su bifurcación por la carretera Massana.

El trayecto es sumamente pintoresco especialmente el trozo llamado *la Cuesta* (Lámina XVIII), desde donde se domina un hermoso panorama. A 200 metros de Santa Cecilia, y en el fondo de un barranco, existe la fuente llamada *dels llums* (Lámina XIX) en la que se ha establecido un Restaurant, donde sirven buenas comidas á precios relativamente económicos, mejora que resulta cómoda para el viajero, pues la sabrosa y abundante agua que mana de esta fuente, es un magnífico aperitivo que predispone el estómago para recibir la suculenta comida que ha de darle nuevos alientos, para continuar la excursión hasta *la Roca foradada*. Desde Santa Cecilia siguiendo la carretera de casa Massana, se encuentra á mano izquierda un camino que conduce por suave pendiente á la citada roca.

Pedris dels bisbes (banc des évêques) (1), on domine l'ancien monastère de Sainte Cécile, dont le chemin se bifurque à cet endroit pour conduire aux *Degotalls*.

Monastère de Sainte-Cécile.—C'était un ancien monastère de moines bénédictins situé près du château du Marro, qui fut pris aux Maures, en 797, par Charlemagne. Ce dernier fit le vœu, le 22 novembre de cette même année, d'élever une église dédiée à Sainte-Cécile, et fit donation de tout le territoire et du temple à Rodulphe, un des chevaliers qui se distingua le plus au cours de la campagne. L'église fut terminée en 872.

En 945, le prêtre Césarée fonda le monastère de Sainte-Cécile, et obtint, en 951, le titre d'abbé. En 957, l'évêque de Vich, Wladimir, donna à Césarée la règle de Saint-Benoît.

En 1539 mourut le dernier abbé de Sainte-Cécile et ce monastère fut définitivement attaché à Montserrat. A partir de cette époque, il ne resta là qu'une paroisse. Le 22 novembre 1862, l'abbé Muntadas bénit l'église restaurée des dégâts que lui avait occasionnés l'incendie lors de l'invasion française, en 1811.

Les fonts baptimaux de l'édifice actuel et les trois blasons qui existent au-dessus de la porte d'entrée sont remarquables. Cet édifice est d'ailleurs l'objet de nouvelles restaurations.

Situé à 5 kilomètres du Monastère, la route qui y conduit est la continuation de celle des *Degotalls*, à partir de l'endroit où elle se bifurque pour conduire à Massana.

Le trajet est excessivement pittoresque, spécialement à l'endroit dénommé *la Cuesta* (la côte) (Planche XVIII), d'où l'on jouit d'un superbe panorama. A 200 mètres du monastère de Sainte-Cécile, et au fond d'un ravin, existe la fontaine dite des *llums* (lumières) (Planche XIX). On a établi là un restaurant, où l'on sert d'excellents repas, à des prix relativement économiques, ce qui n'est pas à dédaigner pour le voyageur, car l'eau, abondante et savoureuse, qui jaillit de la fontaine, est un excellent apéritif qui prépare l'estomac à recevoir une succulente nourriture permettant de reprendre des forces afin de poursuivre l'excursion jusqu'à la *roca foradada* (la roche trouée). En partant de Sainte-Cécile, et suivant le chemin qui conduit à la maison Massana, on rencontre un chemin qui mène par une douce pente à la susdite roche.

(1) Ainsi appelé, parce que c'est là qu'avaient coutume de s'asseoir les trois évêques dont il est parlé page 22, lignes 22 et 23.

La roca foradada. — Al llegar á Monistrol se distingue ya el inmenso agujero que tiene el lado Norte de la montaña.

La entrada á la gruta es triangular, formando el interior un cuadrilátero muy desigual que tiene 320 metros de superficie y se asemeja á un salón con una gran cúpula en el centro del techo. Los lados tienen 20 metros los mayores y 16 los menores. Al lado Este hay una abertura con una miranda de cara al Norte, que se asoma atrevida, sobre inmenso precipicio. La estancia en la gruta en dias de viento se hace imposible, pues tal es su impetuosidad. que derriba á quien se obstina á permanecer en su interior.

El regreso al Monasterio puede hacerse por el mismo camino que hemos seguido á la venida, pero algunos prefieren dedicar el dia completo á esta excursión, bajando por la carretera hasta Monistrol, donde después de ver el pueblo, las fábricas y la capilla de la Trinidad, combinan el camino de subida parte por el atajo y parte por la carretera, que es sumamente pintoresca, llegando hasta *la fuente de los Monjes* situada á 5 kilómetros del Monasterio.

Cercano á esta fuente existe el *Restaurant de la Creu* magnifico hotel con habitaciones y esmerado servicio para los que no quieran sujetarse á la reglamentación interior del Monasterio.

Los carruajes del Hotel suben al caer la tarde, á la estación del ferrocarril para dejar y tomar viajeros, ventaja que puede ser aprovechada por el excursionista, que fatigado ya por las distancias que ha recorrido se siente cómoda y rápidamente transportado al sitio de partida.

Antes de entrar en el Monasterio parece que convida á descansar en ella *la fuente del Portal* situada frente del mismo (Lámina XX), saboreando la fresquísima agua que mana abundante de su caño, alimentado por la filtración de las aguas pluviales. Su construcción data del año 1777.

Al lado del caserón donde está emplazada esta fuente, existe el despacho donde procurarse los borriquitos y mulos que sirven para excursiones, bueno será aprovechar esta ocasión para contratarlos si se quiere hacer uso de ellos, pues á veces no se encuentran disponibles cuando se desean.

Estos animalitos se alquilan con su correspondiente guia, bajo la siguiente tarifa de precios:

Excursión á la Cueva de la Virgen ó Santa Cecilia, ida y vuelta, 3 pesetas; excursión á San Gerónimo, ida y vuelta, 6 pesetas; excursión á San Miguel ó á los

La roche trouée. — On aperçoit dès l'arrivée á Monistrol, l'inmense trou qui existe sur le côté Nord de la montagne.

L'entrée de la grotte affecte la forme triangulaire; l'intérieur est quadrangulaire, très inégal, et mesure 320 mètres de superficie. Il ressemble à un salon

Camino de la *Roca foradada*. — Chemin de la *Roche trouée*.

ayant une grande coupole. Au milieu du toit, les côtés ont, 20 mètres, les plus grands, et 16 mètres, les plus pètits. Sur le côté Est se trouve une ouverture avec une petite terrasse donnant sur un épouvantable précipice. Il est impossible de demeurer dans la caverne les jours de vent, car la violence de celui-ci est si extraordinaire qu'il renverse quiconque s'entête à y rester.

Degotalls, ida y vuelta, 2 pesetas. La montura ó silla para señoras aumenta o'50 pesetas el precio del viaje.

Viaje á Collbató, desde el Monasterio ó viceversa, 4 pesetas.

En el lado opuesto de la fuente y en la misma plazoleta está el edificio destinado á dar asilo gratuito á los pobres de solemnidad.

LA CUEVA DE LA VIRGEN

Lejos de quedar en olvido la Cueva de la Virgen, después de la traslación de la Santa Imagen, ha sido muy frecuentada por toda clase de fieles, especialmente de los pueblos comarcanos. Las monjas que habitaron Montserrat, abrieron á fuerza de pico un camino, en el sitio que aun conserva el nombre de *Escala de las monjas*, junto á la *Capilla de los Apóstoles*, para bajar al *Monasteriolum*, tomar el llamado *dels Pins* y dirigirse á las estaciones de la Cueva; este camino era el que generalmente seguían cuantos visitaban la Santa Cueva, hasta que en el año 1631 se inutilizó y se abrió el camino principal que hoy conduce á la misma con tanta facilidad, levantando allí una capilla cuando tomaron posesión del Santo lugar los monjes del Monasterio, fundándose una misa que se celebraba todos los sábados, la que subsistió hasta que la piadosa marquesa de Tamarit hizo derribar la antigua capilla, erigió otra en mejores condiciones con habitaciones para el guardián, dotóla para una misa diaria y abrió un camino más ancho, que es el que hoy existe.

Edificio y capilla sufrieron las consecuencias de la ocupación francesa de 1811 y en la de 1812 fueron incendiados. Como el precario estado del Monasterio no permitía atender á su reparación, fuéronse derruyendo hasta un extremo doloroso los restos que quedaron.

A pesar de su estado ruinoso, no dejaban de acudir los fieles para adorar el sitio en que había sido hallada la Patrona de Cataluña, ansiando todos verla restituida al culto y condoliéndose de tanta profanación.

Oyó la Santísima Virgen las preces de tantos devotos suyos y habiendo visitado aquel lugar los duques de Montpensier, en 25 de Octubre de 1857, fundaron la Junta que restauró y aun mejoró en gran manera los citados edificios y capilla.

En 11 de Septiembre de 1864, domingo y dia dedicado al Dulce Nombre de

Le retour au Monastère de Montserrat peut se faire par le même chemin que nous avons suivi à l'aller, mais beaucoup de touristes préfèrent employer toute la journée à cette excursion et descendre, à cet effet, par la route, jusqu'à Monistrol, où, après avoir visité le village, les usines et la chapelle de la Trinité, ils combinent le retour de montée, partie par le sentier de traverse, partie par la route qui est excessivement pittoresque, pour atteindre la *fontaine des Moines*, située à 5 kilomètres du Monastère.

Près de cette fontaine existe le *Restaurant de la Croix*, magnifique hôtel avec chambres et service soigné, pour les personnes qui ne veulent pas se soumettre au règlement interne du Monastère.

Les omnibus de l'hôtel montent à la tombée du jour jusqu'à la gare pour laisser ou prendre les voyageurs. Le touriste fatigué par les distances qu'il a parcourues peut profiter de cet avantage et se faire commodément transporter au point de départ.

La fontaine du Portail semble vous engager au repos avant d'entrer au Monastère, vis-à-vis lequel elle se trouve (Planche XX). L'eau qui en jaillit, formée par les eaux pluviales filtrées, est fraîche et abondante, et invite le touriste à se désaltérer. La bâtisse où se trouve la fontaine, fut construite en 1777.

A côté se trouve le bureau de location d'ânes et de mulets pour les excursions. Il est bon de profiter de cette occasion pour s'assurer ces bêtes de somme, car il n'y en a pas toujours de disponibles.

Ces animaux sont loués avec leur guide, aux prix suivants:

Excursion à la grotte de la Vierge ou à Sainte-Cécile, aller et retour, 3 pésétas. Excursion à Saint-Gérôme, aller et retour, 6 pésétas. Excursion à Saint-Michel ou aux Degotalls, aller et retour, 2 pésétas. La monture ou selle pour dame augmente de o'50 centimes le prix du voyage.

Voyage à Collbató depuis le monastère ou viceversa, 4 pésétas.

De l'autre côté de la fontaine et sur la même petite place, se trouve l'édifice servant d'asile aux pauvres déclarés.

LA GROTTE DE LA VIERGE

Loin d'avoir été oubliée, la grotte de la Vierge, après la translation de la Sainte Image, a été assidûment fréquentée par les fidèles, surtout par les villa-

María, tomó posesión de la capilla restaurada, el abad de Montserrat, en presencia de la Autoridad civil y gran concurso de fieles, celebrándose el santo sacrificio de la Misa en el mismo sitio en que fué hallada la Santa Imagen.

La capilla, ó mejor dicho, la pequeña iglesia levantada en este sitio consta de cuatro cuerpos cobijados por una peña colosal (Lámina XXII). La portada es de mármol blanco procedente de las canteras del mismo monte y harmoniza agradablemente con el resto de la construcción. Esta acusa la forma de cruz bizantina, con hermosísimo cimborio central, teniendo á su lado un pequeño claustro, con habitaciones para el monje guardián y sus ayudantes y bien puede, por su cabal distribución y por lo muy completa en todos sus detalles dársele el nombre de *pequeño Monasterio*.

Entrada de la Cueva. —Entrée de la Grotte.

En el interior de la capilla, el altar no tiene en sus muros revestimento alguno, siendo formado por las mismas rocas que constituían la primitiva cueva. La reproducción que en la página 52 ofrecemos del altar creemos es inédita, pues nos han asegurado que nadie la había reproducido hasta hoy.

Cierra el altar sencilla verja, que se apoya en dos pilastras exagonales sobre cuyos capiteles descansa un arco rebajado, decorando todo el interior elegantes policromados. En el centro hay un bajo relieve de mármol con el descubrimiento de la Santa Imagen por el obispo Gotmar, y en los muros laterales otros dos, representando la aparición de la Virgen á los pastorcillos, y la procesión que se celebró para conducir la Santa Imagen al Monasterio. Estos bajo relieves se

geois des alentours. Les moinesses qui habitèrent à Montserrat, ouvrirent à coups de pics un chemin à l'endroit connu encore de nos jours sous le nom d'*échelle des moinesses*, près de la *chapelle des Apôtres*, pour descendre au *Monasteriolum*, prendre le chemin dit *des Pins* et se diriger aux stations de la grotte. C'est ce chemin que suivaient généralment tous ceux qui visitaient la Sainte Grotte, jusqu'en 1631, époque à laquelle il fut inutilisé. On construisit le chemin principal conduisant aujourd'hui si facilement à la grotte, et on y éleva une chapelle lorsque les moines du Monastère prirent possession de ce lieu saint. Tous les samedis on disait une messe dans cette chapelle, qui subsista jusqu'au jour où la pieuse marquise de Tamarit fit démolir l'ancienne pour en ériger une autre réunissant de meilleures conditions, avec logement pour le gardien. La marquise donna une rente pour qu'une messe quotidienne y fût dite et fit construire le chemin qui existe de nos jours.

L'édifice et la chapelle subirent les conséquences de l'occupation française en 1811. L'un et l'autre furent incendiés en 1812. L'état précaire du couvent ne permettant pas de les réparer, ils ne tardèrent pas à tomber en ruines.

Malgré cela, les fidèles accouraient toujours vers le lieu où avait été découverte la Patronne de la Catalogne, désirant qu'il fût rendu au culte et déplorant la profanation dont il avait été l'objet.

La Très Sainte Vierge exauça leurs prières; les ducs de Montpensier qui visitèrent ce saint lieu, le 25 octobre 1857, fondèrent le Comité qui restaura et même améliora grandement l'édifice et la chapelle.

Le dimanche 11 septembre 1864, jour consacré au Doux Nom de Marie, l'abbé de Montserrat prit possession de la chapelle en présence de l'autorité civile et d'une foule de fidèles. Le saint sacrifice de la messe fût célébré à l'endroit même où avait été trouvée la Sainte Image.

La chapelle, ou, plutôt, la petite église élevée à cet endroit est formée par quatre corps de bâtisse couverts par un énorme rocher (Planche XXII). Le portail, en marbre blanc, extrait des carrières de la montagne, est en harmonie parfaite avec le reste de la construction. Celle-ci a la forme d'une croix byzantine avec une superbe coupole. A côté se trouve un petit cloître avec logement pour le moine gardien et ses aides. La parfaite distribution de cet édifice, complète jusque dans ses moindres détails, permet réellement de le qualifier du nom de *petit monastère*.

atribuyen al escultor Cerdá. Sobre el bajo relieve central destaca una copia fiel de la Santa Imagen con dos ángeles en actitud de adorarla, ambas figuras de mármol blanco.

Si bien desde el Santuario pueda pasarse á las célebres cuevas de Montserrat, los excursionistas prefieren visitarlas por la entrada de Collbató menos peligrosa y difícil que por esta parte.

Poco antes de llegar á la cueva bifurca á la izquierda el camino que siguió la procesión el año 880, por el cual en constante ascensión puede llegarse hasta la capilla de San Miguel.

La excursión á la Cueva de la Virgen requiere poco menos de dos horas y es preferible hacerla al empezar la mañana, sobre todo en verano. El camino es algo escabroso y accidentado, siendo sus pendientes muy rápidas, pero es sumamente pintoresco, pues se domina una gran parte de Cataluña, toda la cuenca del Llobregat y parte del Panadés.

Al salir del Monasterio, después de atravesar la línea del ferrocarril, muy cerca del túnel que hemos reproducido en la lámina III, empieza el camino á nuestra derecha, con una cuesta muy accidentada, al final de la cual dejamos á la izquierda el atajo que conduce directamente á Monistrol. Un mojón nos señala el camino que hemos de seguir, que tiene 2 kilómetros de longitud.

La piedad de algunos fieles devotos de la Virgen y las entusiastas iniciativas del padre Abad secundado por el ilustrado canónigo Collell, sugirieron poco hace la idea de erigir en el camino de la Cueva una serie de monumentos representando los misterios del Santo Rosario.

Encontraremos el primero, que es modestísimo, al poco de haber dejado el atajo de Monistrol; consiste en una columna de forma poco simpática, que ostenta un mezquino bajo relieve de mármol con *La Anunciación* del escultor Pagés. Desde este sitio (Lámina XXIII), distinguimos ya en lontananza una soberbia cruz que destacando sobre el azulado horizonte, se levanta en la meseta de empinada peña.

Siguiendo nuestro camino que podremos denominar *la Vía-Sacra* encontramos más allá en un recodo y entre peñas una bonita estatua en bronce, *Cristo en el Huerto*, escultura de Campeny colocada sobre impropio pedestal.

A l'intérieur de la chapelle, le sanctuaire ne présente sur ses murs aucun revêtement. Il est formé par les mêmes rochers qui constituaient la grotte primitive.

Altar de la Cueva. — Autel de la Grotte.

Nous croyons que la reproduction ci-dessus de l'autel est inédite, car on nous a affirmé que personne ne l'a reproduit jusqu'à présent.

Devant l'autel se trouve une simple grille appuyant sur deux piliers hexa-

Más allá aún, siguiendo las accidentaciones del serpenteado camino, aparece á nuestros ojos un nuevo monumento, cuya contemplación satisface el espíritu tanto por su belleza mística, como por su sabor artístico. Sobre severo pedestal

Camino y vista de la Cueva. — Chemin et vue de la Grotte.

de piedra de Montjuich, cuya base está artísticamente rodeada de flores de hierro forjado, descansa una preciosa estatua de Vallmitjana, primorosamente esculpida en enorme bloch de mármol blanco, representando á *Jesús llevando la Cruz* ó

gones sur les chapiteaux desquels chevale un arc surbaissé; l'intérieur de la chapelle est orné d'élégants polychromes.

Au centre de l'autel, on voit un bas-relief en marbre représentant la scène de la découverte de la Sainte Image par l'évêque Gotmar. Sur les murs latéraux deux autres bas-reliefs représentent l'apparition de la Vierge aux petits bergers et la procession qui conduisit la Sainte Image au Monastère. Ces bas-reliefs sont attribués au sculpteur Cerdá. Au-dessus du bas-relief central se détache une copie exacte de la Sainte Image aux deux côtés de laquelle se tiennent deux anges, en marbre blanc, qui semblent l'adorer.

Quoique l'on puisse descendre du sanctuaire aux célèbres grottes de Montserrat, les touristes préfèrent visiter ces grottes en entrant par Collbató, car le chemin est moins pénible et moins dangereux.

Un peu avant d'arriver à la grotte, sur la gauche, se bifurque le chemin que suivit la procession en 880, et par lequel on

Detalle del camino de la Cueva.
Détail du chemin de la Grotte.

peut, après une ascension continuelle, atteindre la chapelle de Saint-Michel.

L'excursion à la grotte de la Vierge demande un peu moins de deux heures. Il est préférable de l'effectuer le matin, surtout en été. Le chemin est scabreux et accidenté, les rampes sont très rapides, mais il est excessivement pittoresque et domine une grande partie de la Catalogne, toute la région du Llobregat et une partie du Panadés. A la sortie du Monastère, après avoir traversé la ligne du chemin de fer, près du tunel que nous avons reproduit, planche III, sur la

8

Monumento en el camino de la Cueva.

Monument élvevé dans le chemin de la Grotte.

droite, commence le chemin dont la côte est très accidentée. Au bout du chemin, sur la gauche, se trouve un sentier de traverse qui conduit directement à Monistrol.

Une pierre nous signale notre chemin qui a une longueur de 2 kilomètres.

La piété de quelques fidèles et les enthousiastes initiaves du Père Abbé, secondé par le chanoine Collell, suggérèrent il y a quelque temps l'idée d'établir sur le chemin qui conduit à la Grotte, une série de monuments représentant les mystères du Saint-Rosaire.

Le premier de ces monuments, que nous rencontrons peu après avoir laissé la route de Monistrol, est excessivement simple. Il consiste en une colonne d'une forme peu agréable, avec bas-relief en marbre représentant l'Annonciation, du sculpteur Pagés.

Du point où se trouve ce monument, nous apercevons au loin une superbe croix qui se détache sur le fond azuré de l'horizon, au haut d'un rocher escarpé.

En suivant ce chemin, que nous pourrons nommer *Voie Sacrée*, nous rencontrons plus loin, dans un recoin, au milieu des rochers, une jolie statue en bronze, représentant le *Christ au Jardin des Oliviers*, due au sculpteur Campeny. Cette statue repose sur un vilain piédestal.

Plus loin, en suivant toujours les accidents de ce chemin serpenté, nous rencontrons un nouveau monument d'une saveur mystique et d'un goût artistique qui parlent à l'esprit. Sur un sévère piédestal en pierre de Montjuich, dont la base est artistiquement entourée de fleurs en fer forgé, repose une précieuse statue de Vallmitjana, représentant *Jésus portant la Croix sur ses épaules*, délicatement sculptée dans un énorme bloc de marbre blanc. Ce monument a été construit sous la direction de l'architecte M. Martorell. Les travaux ont été exécutés par don Barthélemy Oller, constructeur connu. Les plantes et les fleurs en fer forgé, sont dues au serrurier Joseph Pinart.

En avançant, nous nous trouvons vis-à-vis le magnifique Crucifix que nous apercevions au début de l'excursion. La Croix du Rédempteur se trouve au bord du chemin et semble surgir de cet immense précipice.

L'idée de placer en un tel lieu un monument de 8 mètres de hauteur et d'un

cuestas. Este monumento á sido construído bajo la dirección del arquitecto señor Martorell, llevando á cabo los trabajos el reputado constructor don Bartolomé Oller, y siendo ejecutadas las plantas y flores por el conocido cerrajero señor José Penart.

Adelantamos algunos pasos y aparece delante de nosotros el magnífico Crucifijo que distinguíamos ya desde el principio de la excursión.

Al borde del camino y como surgiendo de aquel inmenso precipicio se alza majestuosa la Cruz del Redentor.

La idea de colocar en aquel sitio un monumento, de 8 metros de altura y de un peso extraordinario, sobre ser fantástica, es altamente atrevida y ofrece un aspecto de majestad y grandeza imposibles para descritos.

Este monumento (Lámina XXIII) cuya base es de piedra de la misma montaña, fué proyectado por el joven arquitecto don J. Puig y Cadafalch, y esculpido por el celebrado artista don José Llimona.

Los trabajos de fundición y cerrajería corrieron á cargo de los señores Masriera y Campins; y, gracias al desprendimiento de los artistas que lo han ejecutado, este monumento sólo costó 15,000 pesetas.

Está en ejecución otro misterio que será colocado en breve, quedando los demás actualmente en proyecto.

Regresamos al Monasterio, y después de tomar el desayuno, podemos emprender la excursión á la

CAPILLA DE SAN MIGUEL

Fué ésta la primera que existió en las montañas de Montserrat, siendo reconstruida en 1042 y consagrada por el obispo de Barcelona, Vislaberto, el 14 de Junio del citado año; y pasando al dominio del Monasterio en 1090.

Se cree que el sitio en que se halla emplazada es el mismo donde, según algunos historiadores, había existido el templo pagano en que se daba culto á Venus.

Desde el siglo XI subsistió la capilla sin modificación alguna hasta el año 1811, que el oficial de ingenieros encargado de convertir Montserrat en plaza de armas, mandó derribarla sin dejar piedra sobre piedra; hizo talar los árboles que la ro-

poids extraordinaire, est heureuse, mais hardie. Ce monument est d'une majesté et d'une grandeur impossibles á décrire (Planche XXIII).

Le socle est en pierre de la montagne. Dessiné par le jeune architecte J. Puig et Cadafalch, il fut sculpté par Joseph Llimona, artiste en renom. Les travaux en fonte et serrurerie furent exécutés par MM. Masriera et Campins. Le monument a coûté seulement 15,000 francs, grâce aux artistes qui se sont sacrifiés.

On construit actuellement un autre *Mystère* qui sera placé bientôt. Les autres sont encore à l'état de projet.

De retour au Monastère, nous pouvons, après d'un petit repos, entreprendre l'excursion à la

CHAPELLE DE SAINT-MICHEL

La première qui existât sur les montagnes de Montserrat. Elle fut reconstruite en 1042 et consacrée par l'évêque Vilabert, de Barcelone, le 14 juin de la même année, passant au domaine du Monastère en 1090.

Certains écrivains ont affirmé que cette chapelle se trouve à l'endroit même où existait l'antique temple de Vénus.

Elle subsista ainsi sans subir aucune modification, depuis le XIe siècle jusqu'en 1811, époque à laquelle l'officier du génie chargé de convertir Montserrat en place d'armes, la fit démolir sans en laisser trace et fit couper les arbres qui l'entouraient, considérant ce site comme stratégique et dangereux pour la fortification du Monastère qu'il dominait.

La statue qui disparut pendant la démolition sans que personne sût où elle avait été transportée, fut découverte enterrée dans un bois, en 1861, un incendie ayant détruit tous les arbres de cette partie de la montagne. On songea alors à reconstruire la chapelle, ce qui eut lieu sous la direction d'un architecte distingué, M. Villar. La nouvelle chapelle (Planche XXIV), fut inaugurée avec de grandes fêtes, en 1870, à l'emplacement même occupé par le temple primitif.

Elle se trouve sur le chemin de Collbató, très près du Monastère. On voit devant la chapelle, une croix de chemin, polygonale, dont les degrés servent généralement de siège aux touristes qui viennent à pied depuis Collbató.

deaban, por considerar aquel sitio estratégico y peligrosa su existencia, ya que se dominaba el Monasterio desde su plataforma.

La imagen de San Miguel que desapareció con el derribo sin que nadie supiera á donde había ido á parar, fué hallada enterrada en un bosque próximo, cuando en 1861 se produjo el horroroso incendio que dejó perdida aquella parte de montaña. Inicióse entonces la idea de reconstruir la capilla, y así se hizo, corriendo los trabajos á cargo del distinguido arquitecto señor Villar.

La actual capilla (Lámina XXIV) emplazada en el mismo sitio donde existió la primitiva, inauguróse con grandes festejos el año 1870.

Se halla en el camino de Collbató, cercana al Monasterio. Delante de la capilla hay una cruz de término de forma poligonal, cuyas gradas acostumbran á servir de descanso al viajero que viene á pie desde Collbató.

A 500 metros, existe una plataforma llamada *Miranda de San Miguel*, limitada por sencillo pasamano de hierro colocado á distancias, á fin de evitar que asomándose á sus bordes, pueda el viajero despeñarse en los horribles precipicios que se abren á sus pies.

En el centro existe una sencilla cruz de hierro. Desde este sitio del cual está tomada la vista del Monasterio que hemos reproducido en la lámina XIII, se domina un paisaje sorprendente y encantador; puestos de cara al Monasterio, vemos á nuestra derecha el mismo panorama que hemos admirado desde el camino de la Cueva, con la ventaja de estar 400 metros más elevados y dominarse mayor extensión de terreno. A la izquierda, tenemos la cuesta que conduce á la misma capilla de San Miguel (Lámina XXV), la cual se distingue al fondo rodeada de árboles y peñascos.

Después de extasiarnos en la contemplación del espléndido panorama que se domina desde la atrevida meseta de San Miguel, emprenderemos el regreso al Monasterio; pero antes de llegar al final de nuestro camino, un mojón nos indica la bifurcación del camino de *la Cueva de Garin*, cuya visita puede ser complemento de las excursiones de la mañana.

LA CUEVA DE GARÍN

Ya hemos visto anteriormente su historia. La cueva que hoy se visita, es el sitio donde, según la tradición, descubrieron al penitente eremita los criados de

A 500 mètres de là, existe une esplanade nommée *Miranda de Saint-Michel*, entourée d'une balustrade en fer placée à une certaine distance du bord afin que l'on puisse contempler les horribles précipices sans courir aucun danger. Au milieu de l'esplanade il y a une simple croix en fer. De ce site, d'où nous avons pris la vue du Monastère, que nous avons reproduite, planche XIII, on jouit d'un panorama surprenant et enchanteur. En regardant vers le Monastère, nous voyons, à droite, le même panorama que nous avons admiré du chemin de la Grotte, mais vu de 400 mètres plus haut, ce qui fait que l'on domine une plus vaste extension de territoire. A gauche, nous avons la côte qui conduit à la chapelle de Saint-Michel (Planche XXV), que l'on aperçoit, au fond, entourée d'arbres, de collines et de rochers.

Après la séduisante contemplation de ce splendide panorama nous entreprendrons le retour au Monastère, jusqu'à ce que nous rencontrions la bifurcation du chemin de la *Grotte de Garin*, que nous pourrons visiter comme complément des excursions du matin.

LA GROTTE DE GARIN

Nous avons déjà retracé son histoire. La grotte que l'on visite aujourd'hui est l'endroit où, d'après la tradition, l'ermite pénitent fut découvert par les serviteurs de Wifred, au cours d'une chasse à Montserrat. Elle est située à quinze minutes du monastère en prenant le chemin qui conduit à Collbató jusqu'au lieu où existe un écriteau indiquant le sentier qui conduit à la grotte. Ce sentier est très accidenté et très pittoresque (Planche XXVI).

L'entrée de la grotte est excessivement basse. Elle est fermée par une simple grille. A l'intérieur, on voit une statue en pierre, couchée, qui représente Garin agenouillé devant la Vierge.

———

Avec retour de ces excursions, après avoir déjeuné, on peut compléter la journée en faisant une promenade à la fontaine de la *Massanera*, à l'extrémité de la promenade des *Monaguillos*, tout près du sentier de traverse qui va de Monistrol au Monastère. L'eau de cette fontaine est excessivement froide, et mal-

Wifredo en una cacería por la Montaña. Se halla situada á 15 minutos del
Monasterio, tomando el camino de
Collbató hasta encontrar un mojón que
señala la cuesta que á ella conduce, la
cual es muy accidentada y sumamente
pintoresca (Lámina XXVI).

La entrada de la cueva es sumamente baja, cerrada por sencilla reja y
en el interior hay una figura tendida
que representa á Garín orando delante
de la Virgen.

———

Regresados al Monasterio, después
de almorzar y reponer nuestras fuerzas, podremos completar el día visi-
tando la fuente de la *Massanera*, al
final del paseo de los Monaguillos,
junto al atajo que va del Monasterio á
Monistrol, teniendo en cuenta que el
agua de esta fuente es sumamente fría,
y á pesar de su bondad, ha causado en
muchos casos serios accidentes á personas que han querido beberla estando sudadas.

Otros manantiales se pueden visi-
tar y entre ellos la fuente de Guilleumas, de Marco ó la de la Cadireta, ó mejor
aún, descansar para reponer las fuerzas, si se quiere emprender temprano al día
siguiente la excursión á las ermitas.

La caída de la tarde es sumamente animada en el Monasterio. Después de
contemplar el movimiento de touristes que regresan de sus escursiones por el
camino de Collbató, que se domina perfectamente desde las habitaciones de

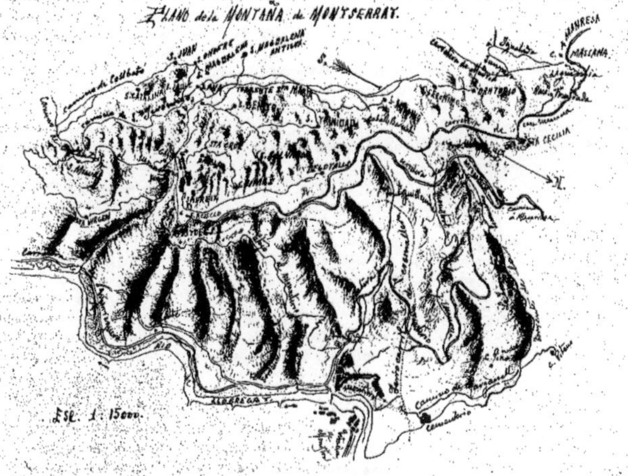

gré son excellente qualité, a produit de sérieux accidents chez des touristes qui
en burent étant en transpiration.

On peut aussi visiter les fontaines de *Guilleumas*, de *Marco* et de la *Cadireta*, mais il est préférable de se reposer un peu, afin de pouvoir, le jour suivant, entreprendre une excursion aux ermitages.

La tombée de la nuit est très agréable au Monastère. On jouit d'un joli

Santa Teresa (Lámina XXVII), puede asistirse á la *Salve* que cantan los monjes á las siete y media, después que la *Escolanía* ha cantado el Rosario y Gozos.

A fin de que el lector pueda mejor orientarse en sus excursiones, hemos reproducido el precedente plano, donde se indica la situación de cada uno de los sitios que deben visitarse.

Las ermitas se hallan en las peñas situadas sobre el Monasterio; y aconsejamos la excursión, subiendo por el camino de San Jerónimo y bajando por el atajo que termina delante de la casa de los pobres, en la misma plaza de la fuente del Monasterio.

Antes de emprender su excursión, bueno será sepamos algo de

LOS ERMITAÑOS

Fueron en sus tiempos la nota más simpática de estas Montañas. Vivian los ermitaños de tal suerte reglamentados, que el cumplimiento de sus particulares leyes, apenas les dejaba libres dos horas al día, que con gran parte de la noche, consagraban á sus rezos, oración mental, lección espiritual, labor manual y otras mortificaciones interiores y exteriores.

Comian de vigilia todos los dias del año, ayunaban desde el 13 de Septiembre hasta el Sábado Santo, á excepción de los domingos y de tres ó cuatro festividades. De Resurrección á Pentecostés, todos los viernes, y de Pentecostés al 13 de Septiembre, los miércoles y viernes.

Generalmente, todos ellos eran hombres de edad madura, y muchos habian ocupado en el mundo desahogadas posiciones ó desempeñado brillante carrera en la milicia, en el foro ó en el comercio, y como hombres de convicción, eran consecuentes. Ellos mismos se aderezaban la frugal comida de que les proveia semanalmente el Monasterio y no les era permitido tener dependiente alguno bajo ningún concepto, ni asociarse á persona alguna, ni aun domesticar animales.

En las enfermedades, en el estado de decrepitud ó imposibilidad, eran baja dos á la enfermeria del Monasterio, y allí se les cuidaba con todo esmero.

En estado de salud, sólo bajaban al Monasterio en las cuatro ó cinco festividades principales, á cuyas funciones asistian, tomando parte en ellas con la

spectacle. On aperçoit de nombreux touristes retournant de leurs excursions par le chemin de Collbató, que l'on distingue parfaitement depuis les logements de Sainte-Thérèse (Plancha XXVII). On peut, après, assister au *Salut* chanté par les moines à sept heures et demie, lorsque les enfants de chœur ont terminé le Rosaire.

Afin que le lecteur puisse s'orienter plus facilement dans ses excursions, nous avons reproduit un plan sur lequel est indiquée la position qu'occupent tous les endroits à visiter.

Les ermitages se trouvent sur les rochers situés au-dessus du Monastère. Nous conseillons d'entreprendre l'excursion par le chemin de Saint-Gérôme en descendant par le sentier de traverse qui aboutit à la maison des pauvres, sur la place de la fontaine du Monastère.

Avant de commencer l'excursion il est bon de savoir ce que furent les ermites.

LES ERMITES

Les ermites furent certainement ce qu'il y avait jardis de plus admirable sur ces montagnes. Ces braves hommes étaient soumis à un règlement spécial qui distribuait toutes leurs heures du jour et de la nuit qu'ils passaient en prières. Le travail manuel et les occupations spirituelles alternaient avec d'autres mortifications. A peine leur restait-il deux heures libres par jour. Ils faisaient maigre tous les jours de l'année, et jeûnaient quotidiennement depuis le 13 septembre jusqu'au samedi saint, excepté les dimanches et à l'occasion de trois ou quatre fêtes, depuis la Résurrection à la Pentecôte, tous les vendredis, et depuis la Pentecôte au 13 septembre, tous les mercredis et tous les vendredis.

Les ermites étaient presque toujours des hommes d'un âge mûr; beaucoup d'entr'eux avaient occupé dans le monde un situation d'aisance ou rempli une brillante carrière dans la milice, dans la magistrature ou dans le commerce. En hommes convaincus, ils étaient conséquents dans leur façon de vivre. Euxmêmes cuisinaient leur frugal repas avec les provisions que leur fournissait hebdomadairement le monastère. Il ne leur était pas permis d'avoir des gens à leur service; ils ne pouvaient sous aucun prétexte admettre personne dans leur ermitage. Il leur était même défendu de domestiquer des animaux.

Comunidad de los monjes, y después de haber comido con éstos, regresaban en silencio á sus respectivas ermitas.

En una de las ermitas tenían una capilla común, además de las particulares que había en cada una, y allí se reunían todos los días festivos y los jueves de las semanas cuyos días eran todos de labor, y en ella confesaban, comulgaban, oían misa y las pláticas de su Padre director, que era un monje de los más acreditados en ascética, y se titulaba *Vicario de la Montaña*.

Cumplían los rezos que eran de comunidad, en ocasión de tales festividades.

Llegó el siglo xv, que era el destinado por la Divina Providencia para levantar á lo sumo de la perfección todo lo referente á la vida monástica en Montserrat, y entonces la vida eremítica y la cenobítica se dieron el ósculo de paz fraternal.

Los ermitas conocieron que habían estado fuera de su misión pretendiendo empezar por donde acabar debían; comprendieron que la vida eremítica era el máximum de la perfección cenobítica, y que ésta es un noviciado para aquéllos, y bajo esta persuasión suplicaron ser admitidos á la vida cenobítica y monasterial.

Sencillos por convicción y fuera ya del imperio de las pasiones, en los momentos de recreo solazábanse con las avecillas que nacidas en los bosques cercanos, comprendían instintivamente que los ermitaños eran sus bienhechores, y en ningún caso sus enemigos.

Estos fueron los seres que con arraigadas creencias y profundo amor divino, habitaron durante largos años en las ermitas de Montserrat, cuya descripción vamos á proseguir.

EXCURSIÓN Á LAS ERMITAS

La salida del Monasterio es por el camino de San Miguel, cerca de cuya capilla hay un mojón que dice *Camino de las ermitas*.

Seguiremos este camino, por el cual llegaremos á la primera ermita.

San Jaime. — Situada en la más alta de las peñas que se dominan desde el Monasterio, ya sólo quedan vestigios de su existencia. Esta ermita mejor parecía nido de golondrinas que sitio habitable por humanos seres.

Lorsqu'un ermite tombait malade, ou qu'il était trop vieux, on le transportait à l'infirmerie du Monastère où il était soigné avec soins.

En état de parfaite santé, ils ne descendaient au Monastère qu'à l'ocasion de quatre ou cinq grandes fêtes. Ils assistaient alors aux cérémonies religieuses, auxquelles ils prenaient part avec la Communauté des moines, et, après avoir mangé avec ceux-ci, ils retournaient silencieusement à leurs ermitages.

Outre la chapelle qui existait dans chaque ermitage, il y en avait une commune dans un ermitage, à laquelle accouraient tous les ermites les jours de fête et les jeudis des semaines dont tous les jours avaient été de travail, afin de se confesser, de communier, d'entendre la messe et les sermons de leur Père Directeur. Ce dernier était un moine des plus renommés en ascétique et s'intitulait *Vicaire de la Montagne*.

Ils récitaient les prières propres de la communauté chaque fois qu'ils se réunissaient ainsi.

Le xve siècle parut avoir été désigné par la Divine Providence pour élever à l'apogée de la perfection tout ce qui avait trait à la vie monastique à Montserrat. Les solitaires et les cénobites se donnèrent le baiser de paix fraternel.

Les ermites comprirent qu'ils avaient été jusqu'alors hors de leur mission en prétendant commencer par où ils devaient finir. Ils comprirent que la vie solitaire est le degré de perfection cénobitique le plus élevé, et que la vie du cénobite est un noviciat pour celle de l'ermite. Persuadés de cela, ils demandèrent tous à être admis à la vie cénobitique du monastère.

Simples par conviction et vivant en dehors de l'empire des passions, à leurs heures d'expansion ils se récréaient de la vue des oiseaux nés dans les bois environnants; ces petits animaux avaient compris instinctivement que les ermites étaient leurs bienfaiteurs, aussi ne les fuyaient-ils point.

Voilà, résumé en quelques mots, ce que furent les êtres que la croyance et l'amour de Dieu firent vivre pendant de longues années dans les ermitages de Montserrat que nous allons décrire.

EXCURSION AUX ERMITAGES

Partant du Monastère par le chemin de Saint-Michel, avant d'arriver à la

A continuación encontraremos la de *Santa Catalina*, denominada la Pajarera de Montserrat, situada junto al camino que desde Collbató conduce á Santa Magdalena, rodeada de exuberante vegetación. No ofrecia su arquitectura atractivo especial, y como las demás, fué derruida en 1811 quedando hoy sólo vestigios de su existencia.

Rocas de Santa Magdalena. — Rochers de Sainte-Magdeleine.

Santa Magdalena. — Siguiendo el camino que conduce á San Jerónimo y entre las de San Jaime y San Onofre, hallamos la ermita de Santa Magdalena situada entre elevadísimas rocas y combatida por fuertes vientos.

Su ascensión desde el citado camino es peligrosa y difícil, especialmente por la *Escala de Jacob.*

chapelle nous trouverons une borne avec l'inscription *Camino de las ermitas* (chemin des ermitages). Le sentier nous conduira à

Saint-Jacques. — Situé au sommet des rochers que l'on domine du Monastère. Il ne reste aujourd'hui que des traces de cet ermitage qui ressemblait plutôt à un nid d hirondelles qu'à un lieu habité par un être humain.

Nous trouvons après, *Sainte-Catherine*, surnommé la Volière de Montserrat, situé près du chemin qui conduit de Collbató á Sainte-Magdeleine, au milieu d'une exubérante végétation. L'architecture de cet ermitage n'offrait rien de particulier. Comme les autres, il fut détruit en 1811. Il n'en reste aujourd'hui que des traces.

Sainte-Magdeleine. — En suivant le chemin qui conduit à Saint-Gérôme, entre les ermitages de Saint-Jacques et de Saint-Onofre, nous rencontrons l'ermitage de Sainte-Magdeleine, placé entre des rochers élevés combattus par les vents.

L'ascension á cet ermitage par le chemin indiqué est dangereuse et difficile, spécialement à l'endroit dit *Escalier de Jacob.* Du haut de ces pics élevés (Planche XXVIII) l'on découvre deux panoramas admirables vers le S. E. et vers l'Ouest, et au Nord un immense rocher escarpé qui l'encadre. Cet ermitage fut construit en 1498 par ordre de l'abbé Cisneros. Son importance au point de vue architectonique est presque nulle.

Au retour, l'on peut descendre par le chemin de *La Parra* (la treille) jusqu'à ce que l'on rencontre le torrent de *Sainte-Marie*, qui traverse et partage la montagne. Après le torrent nous passons sur le versant de la chaîne de Tabor où l'on rencontre des sites occupés par des rochers présentant une forme cylindrique spéciale. Nous arrivons au sentier nommé *Trenca-barrals* (brisetêtes), scabreux et très difficile à franchir. Après ce sentier, se trouvent le *Plá dels escursons* (la plaine des scorpions), facile à traverser, puis le *Torrent de Saint-Antoine* (Planche XXIX), qui conduit à l'ermitage qui porte le nom de ce saint.

Saint-Jean. — Il se trouve dans le creux d'un rocher monstrueux (Planche XXX), presque inaccessible, comme son voisin *Saint-Onofre*. Ces deux

Desde sus elevados picos (Lámina XXVIII), se descubren admirables panoramas por los lados Sur, Este y Oeste, teniendo al Norte alta y escarpada roca que la encuadra. Fué construida en 1498, por orden del abad Cisneros, y su importancia arquitectónica era poca.

Al regreso puede bajarse por el camino de *la Parra* hasta encontrar el torrente de *Santa María* que atraviesa y divide la montaña, despues del cual pasamos á la vertiente de la cordillera de Tabor, donde hay sitios que las rocas tienen una forma cilíndrica especial, y encontramos el sendero llamado *Trenca barrals* muy difícil y escabroso, al que sigue el *Plá dels Escursons* de fácil acceso, despues del cual viene el *Torrente de San Antonio* (Lámina XXIX), que conduce á la ermita de este titular.

San Juan. — Colocada en el hueco de una peña monstruo (Lámina XXX), casi inaccesible como su vecina ermita de *San Onofre* ofrecen al viajero pocos atractivos como no sea la contemplación de una naturaleza absolutamente salvaje, y el estudio botánico de algunas plantas aromáticas especiales en esta parte de Montserrat. Esta ermita es objeto de importantes trabajos de restauración, con los cuales volverá á tener su antiguo apogeo, y si bien están algo atrasados aún, merece ser visitada por el excursionista. En ella hay establecido un modesto restaurant.

San Onofre. — Como la anterior, estaba casi empotrada en la peña con la particularidad, según puede verse en las ruinas existentes, que ésta tenía por techo, una roca inmensa; con una sola fachada de cara al Este, desde cuyo lado por la abertura que dejan dos enormes peñascos se domina un espléndido panorama limitado por el mar, y las Islas Baleares al fondo. Para pasar desde la ermita de San Juan á la de San Onofre existe un camino formado por una escalera abierta á la misma roca, cuyo acceso es sumamente difícil y peligroso.

San Antonio. — Dejando el camino de San Jerónimo inclinándonos á la derecha y despues de llegar al pie de la inmensa mole conocida por el *Caball Bernat*, se llega á la ermita de San Antonio, hermoso sitio que convida al reposo y á la muda contemplación de la naturaleza, que admiramos con toda su imponente majestad y grandeza. A 15 metros de las ruinas de la ermita se encuentra la soberbia miranda desde la que se domina toda la parte Norte, Mediodía y Levante de Cataluña. Es imposible describir la impresión que produce acercarse al borde de esta peña bajo la que se abre inmenso precipicio, al extremo, de que

ermitages offrent peu d'attraits au voyageur, si ce n'est la contemplation d'une nature absolument sauvage et l'étude botanique de quelques plantes aromatiques spéciales à cette partie du Montserrat. Cet ermitage est l'objet d'importants travaux de restauration qui le ramèneront à son ancienne splendeur. Ces travaux sont encore un peu en retard, mais l'ermitage mérite tout de même d'être visité par les touristes, il y a un restaurant établi.

Saint-Onofre. — Comme l'ermitage antérieur, il semble enchâssé, dans le rocher. En visitant ses ruines on remarque que cet ermitage avait pour toit un immense roc et une seule façade regardant à l'Est, d'où l'on aperçoit, à travers l'ouverture formée par deux rochers énormes, un splendide panorama borné par la mer et, au fond, les îles Baléares. Pour se rendre de l'ermitage de Saint-Jean à celui de Saint-Onofre, il existe un chemin formé par un escalier taillé dans le rocher, très difficile et très dangereux à franchir.

Saint-Antoine. — Laissant le chemin de Sant-Gérôme, nous nous dirigeons sur la droite et après avoir atteint le pied de l'énorme masse connue sous le nom de *Caball Bernat*, nous arrivons à l'ermitage de Saint-Antoine, site enchanteur qui invite au repos et à la muette contemplation de la nature que l'on peut admirer dans toute son imposante majesté, dans toute sa grandeur. A 15 mètres des ruines de l'ermitage se trouve la superbe esplanade d'où l'on domine le nord, le midi et le levant de la Catalogne. Il est impossible de décrire l'impression que produit l'approche du bord de ce rocher sous lequel s'ouvre un abîme immense. On ne s'y rend qu'en marchant à quatre pattes comme les chats. Cet ermitage était formé par un simple édifice composé de trois corps de bâtisse sans attrait spécial.

En revenant sur nos pas, nous trouverons de nouveau le chemin de Saint-Gérôme que nous suivrons pour nous rendre à cet ermitage, et nous aurons vu sur le parcours la vallée de Sainte-Catherine, le géant enchanté, le rocher à la tête de Mort, celui des échos, les pics du Montgros et la plaine des éclairs.

Saint-Gérôme. — Cet ermitage est le plus élevé et le plus éloigné du Monastère. L'excursion est longue et pénible et permet de visiter tous les ermitages que nous avons déjà décrits. Les agréables impressions dont l'on jouit au cours de ce voyage et surtout à l'arrivée sur l'esplanade de l'ermitage, dont le panorama surpasse tout ce que l'on peut rêver, font aisément oublier les fatigues qu'on a dû endurer pour atteindre ce site.

casi nadie se atreve acercarse á él, más que andando á gatas. Formaba la ermita un sencillo edificio de tres cuerpos sin atractivo especial.

Volviendo sobre nuestros pasos hallaremos otra vez el camino de San Jerónimo para no abandonarlo hasta llegar á dicha ermita.

Para llegar á este sitio hemos pasado, entre otros puntos notables, por el valle de Santa Catalina, la roca de la Calavera en el torrente de San Antonio, el gigante encantado, peña de los ecos, picos del Montgrós y peña plana de los rayos.

San Jerónimo. — Esta es la ermita más elevada y más separada del Monasterio. La excursión es larga y penosa, y permite que durante su transcurso puedan visitarse todas las demás ermitas descritas hasta el presente. Las agradables impresiones de que se disfruta en el viaje, y sobre todo, contemplando la llanura donde está la ermita, cuyo panorama es superior á toda ponderación, hacen olvidar fácilmente las fatigas que han debido soportarse para llegar á su meseta.

Muy cerca de la ermita hay un modesto *Restaurant*, en el cual con sus seculentos manjares puede el viajero reponer las perdidas fuerzas. Al lado de lo que fué ermita, de la que quedan sólo ruinas, se halla la roca de Santa María, la más elevada de la montaña, donde existió hasta hace poco una capilla oratorio.

Hay en su plataforma un pasamano para evitar accidentes desgraciados ya que es sumamente peligrosa. En el *Restaurant* alquilan gemelos, con los que se puede admirar el inmenso panorama que se domina desde allí, así como escopetas para experimentar el efecto de los ecos.

Repetidas veces se encuentra el viajero dominando los elementos desde la cima de esta elevada peña. Fórmanse ruidosas tempestades que se desatan en los bajos de la montaña; cruza el espacio seguido relampagueo rasgando las nubes, y mientras sorprendido admira aquel mar de celajes que flota á sus pies, ve brillar sobre su cabeza los hermosos rayos del sol, que forman fantástico contraste, con las plomizas nubes que debajo de aquel suelo se revuelven impetuosas. Estas tempestades son breves. Al desvanecerse la niebla, aparece debajo del monte el desfiladero de Santa Cecilia; inmenso corte de enormes peñas; precipicio sin fondo, torrente inaccesible que conduce las aguas desde los elevados picos de San Jerónimo hasta las bajas accidentaciones de Santa Cecilia.

La actual ermita de San Jerónimo es de sencilla construcción y fué inaugurada el día 10 de Marzo de 1891.

Después de breve descanso para reponer nuestras fuerzas y admirar tan

Tous près de l'ermitage existe un modeste restaurant qui vous invite au repos et où le voyageur peut reprendre des forces en savourant des plats exquis. A côté de l'ermitage dont il ne reste que des ruines, se trouve la roche de Sainte-Marie, la plus élevée de la montagne, sur laquelle existait naguère un petit oratoire. Sur l'esplanade de cet ermitage on a placé un garde-fou pour éviter des accidents malheureux car ce lieu est excessivement dangereux.

Ermita de San Jerónimo. — Ermitage de Saint-Gérôme.

Au restaurant, on loue des jumelles, afin que l'on puisse contempler le vaste panorama qui se déroule aux yeux du touriste, au même temps que fusils pour se rendre compte des effets de l'écho. Ce dernier jouit souvent du haut de ce rocher du spectacle des tourmentes se formant au-dessous. Le bruit des éléments en colère se fait entendre sous lui, les éclairs sillonnent les nuages, tandis que le voyageur surpris voit briller sur sa tête de resplendissants rayons de soleil qui contrastent d'une façon féerique avec les nuages grisâtres en courroux quelques mètres plus bas.

agrestes bellezas, emprendemos el regreso al Monasterio por el atajo llamado camino de *Vall-mal*, y encontramos en primer término la ermita de *San Salvador*, situada en la pendiente de inmensas moles, que como es excesivamente elevada, pocos la visitan por ser de difícil acceso. La capilla estaba unida por un jardín a un pequeño oratorio que formaba una cúpula natural en las rocas, de 84 metros de elevación, siendo su base circular de unos 3 metros aproximadamente, pero hoy no se ven más que ruinas que no dan idea de lo que fué.

Cerca de la ermita se halla el pozo de San Salvador, cuya profundidad se ignora, pero muchos creen comunica con la cascada de los *Degotalls*.

En el perímetro que limita esta ermita y las de San Benito y Santa Ana con el Monasterio, están enclavadas las de San Dimas y Santa Cruz, que son el paseo favorito de los monjes de Montserrat, los cuales suben por un camino especial que existe al lado derecho de la plaza, llamado la *Escala Dreta*, el que desde hace algún tiempo ha dejado de ser público y su uso está sólo reservado á dichos religiosos.

La *Escala Dreta* está formada por 660 peldaños estrechísimos, abiertos en la misma roca. Fué construida en 1499.

Después de la ermita de San Salvador, sigue la de *San Benito*, muy resguardada de los vientos por las elevadas peñas que la circundan. Se halla situada entre las de Santa Ana y la Trinidad, su importancia fué escasa, como edificio y como culto, jamás pudo gozar de esplendores, pues la fiesta de su titular, es celebrada en el Monasterio, donde tenían que acudir todos los ermitaños aquel día.

San Dimas. — Antiguo castillo de *Mont-sial* donde hizo su confesión general con el Padre Xanones San Ignacio de Loyola, antes de abandonar la carrera de

Desfiladero de Santa Cecilia. — Col de Sainte-Cécile.

Ces tempêtes sont de courte durée. Lorsque les nuages se dissipent, apparaît, sous la montagne, le défilé de Sainte-Cécile, immense coupure pratiquée sur d'énormes rochers, précipice insondable, torrent inaccesible qui conduit les eaux depuis les pics les plus élevés de Saint-Gérôme jusqu'aux accidents les plus bas de Sainte-Cécile.

L'actuel ermitage de Saint-Gérôme, qui est de construction très simple, fût inauguré le 10 mars 1891.

Après nous être reposés et après avoir admiré ces agrestes merveilles, nous entreprenons le retour au Monastère par le sentier de traverse, appelé chemin de *Vall-mal*. Nous rencontrons en premier lieu l'ermitage du *Saint-Sauveur*, situé sur le versant de gigantesques masses. Cet ermitage se trouvant sur un point excessivement élevé, peu de voyageurs le visitent. Son accès est d'ailleurs difficile. La chapelle se trouvait réunie par un jardin à un petit oratoire que formait dans les rochers une coupole de 84 mètres d'élévation. La base de cet oratoire était de forme circulaire d'environ 3 mètres de diamètre. Il ne reste aujourd'hui que des ruines de cet ermitage, près duquel se trouve le puits du Saint-Sauveur, dont on ignore la profondeur. Certains croient que ce puits communique avec la cascade des *Degotalls*.

Dans le périmètre qui limite cet ermitage et ceux de Saint-Benoît et de Sainte-Anne avec le Monastère, se trouvent enclavés les ermitages de Saint-Dimes et de la Sainte-Croix, qui sont la promenade préférée des moines du Monastère. Ces derniers montent par un chemin spécial qui existe sur le côté droit de la place, dit l'*Echelle Droite*. Ce chemin n'est plus public aujourd'hui et il n'y a que les moines qui puissent le fréquenter. L'*Echelle Droite* est formée par 660 marches très étroites, taillées dans le rocher; elle fût construite en 1499.

las armas. Sólo queda de esta ermita la escalera abierta á punta de pico en la roca y un trozo de arco, situado en sitio casi inexpugnable, rodeado de precipicios; sus dos capillas están arruinadas y no tenían gran importancia arquitectónica.

En ésta, como en San Miguel, San Juan y Santa Cecilia, se han verificado importantes trabajos. Al lado de las ruinas de la antigua ermita y frente la casi derruida casa del ermitaño, se ha construido una sencilla y elegante capilla que se domina perfectamente en la lámina XIII tomada desde la miranda de San Miguel. Se inauguró la nueva capilla el 4 de Noviembre de 1893.

La hemos reproducido desde los montes de la Trinidad, y en la vista que publicamos (Lámina XXXI), aparece en último término, en la cuneta de la peña que limita á la derecha de la lámina la vertiente del monte, dominándose en el fondo las montañas de San Llorens de Munt y del Montseny.

La Trinidad. — Situada en un espacioso y pintoresco llano, al lado opuesto de la inmensa peña donde está la gruta de los *Degotalls;* las rocas que la rodean son de forma regular de modo que parecen las tuberias de un órgano. La ermita está adosada á rocas inmensas por uno de sus lados, quedando los tres restantes con vista á distintos puntos de la montaña. Era esta ermita muy espaciosa y la preferida para pasar algunos dias de retiro, cuando los monjes del Monasterio querian apartarse del continuo movimiento y animación que allí reina. Entre las arruinadas ermitas de Montserrat, ésta es la única que aún conserva algo de su pasado, pues la capilla del Santo Cristo y las paredes de la huerta, nada han sufrido por las inclemencias del tiempo; ni la mano destructora del hombre ha llegado á destrozarlas. Su aspecto, desde la cuneta de la peña donde está situada Santa Cruz, es sumamente pintoresco y artístico (Lámina XXXII).

Santa Cruz. — Esta ermita es la más cercana al Monasterio pasando por el camino de la *Escala dreta.* Tiene una cisterna de agua excelente; la construcción la formaban dos sencillos cuerpos de edificio, y si bien vista de lejos parecia colocada en sitio inexpugnable, existian infinitos caminos que conducian á ella, ya sea desde Santa Ana ó desde San Jerónimo.

Santa Ana. — Antigua parroquia de las restantes ermitas de Montserrat, su construcción se remonta al 1498, y fué ordenada por el abad Cisneros. Está situada entre las de San Benito y San Jaime, camino de San Jerónimo, y tiene

Après cet ermitage, vient celui de *Saint-Benoît,* très abrité des vents par les hauts rochers qui l'environnent. Cet ermitage se trouve situé entre ceux de Sainte-Anne et de la Trinité. Au point de vue de la construction, son importance, fut insignifiante. Des grandes cérémonies religieuses, ne durent jamais y avoir lieu, le jour de la fête du saint titulaire étant célébré au Monastère, où tous les ermites devaient descendre à cette occasion.

Saint-Dimes. — C'est l'ancien château fort de *Mont-siat* où Saint-Ignace de Loyola fit sa confession générale au P. Xanones, avant d'abandonner la carrière militaire. Il ne reste de cet ermitage que l'escalier ouvert à coups de pic dans la roche vive et un morceau d'arc situé dans un site presque inexpugnable entouré de précipices. Ses deux chapelles sont en ruines; elles ne présentaient aucun intérêt au point de vue architectural.

De même qu'à Saint-Michel, Saint-Jean et Sainte-Cécile, d'importants travaux ont été exécutés dans cet ermitage. A côté des ruines de l'ancien ermitage, vis-à-vis la maison de l'ermite presque totalement démolie, on a construit une chapelle, simple et coquette, que l'on aperçoit parfaitement sur la vue, planche XIII, prise de l'esplanade de l'ermitage de Saint-Michel. La nouvelle chapelle de Saint-Dimes fût inaugurée le 4 novembre 1893.

Nous avons reproduit cette chapelle du haut des monts de l'ermitage de la Trinité. Sur la vue que nous publions (Planche XXXI) on la voit en dernier terme, sur la cime du rocher qui borne, sur la droite de la gravure, le versant de la montagne, et l'on domine, au fond, les monts de *San Llorens del Munt* (Saint-Laurent d'en Haut) et Montseny.

La Trinité. — Situé dans une plaine spacieuse et pittoresque, du côté opposé à l'immense rocher dans lequel existe la grotte des *Degotalls,* les rochers qui l'environnent sont d'une forme tellement régulière que l'on dirait les tuyaux d'un orgue. L'ermitage se trouve adossé à des rochers immenses sur l'un des côtés, les trois autres côtés regardent sur divers parages de la montagne. C'était un ermitage très vaste que les moines choisissaient de préférence pour y passer quelques jours de retraite, lorsqu'ils voulaient s'éloigner du mouvement continuel et de l'animation qui régnent au monastère. Parmi les ermitages en état de ruines de Montserrat, c'est le seul qui conserve encore quelques vestiges tels que la chapelle du Christ et les murs du jardin, que la rigueur des saisons et la

pocos puntos de vista despejados por estar rodeada de peñas y malezas: de lo que fué esta ermita sólo queda un derruido paredón.

Ermita del Diablo. — Sobre las rocas que dominan el Monasterio y muy cerca de la ermita de Santa Cruz, existe un terreno cercado por antiquísimos muros que algunos creen fué la antigua *Miranda de Montserrat*, más que mejor puede atribuirse á la existencia en aquel sitio de una *atalaya* ó torreón de defensa del primitivo Monasterio. Su perimetro no mide más allá de 20 metros superficiales.

La tradición popular, atribuye á estas ruinas el que en ellas fuese donde el diablo hizo aparecer una ermita, y disfrazado de ermitaño tentase á Garin aconsejándole la deshonra y asesinato de Riquilda, que hicieron tristemente popular al desgraciado penitente cuya leyenda hemos ya trazado.

Pasamos la hendidura llamada *Estrecho de Gibraltar*, y después de largo descenso por camino de escala, aparecerá ante nuestros ojos el Monasterio, tal como lo hemos visto en la lámina XVI, y al poco rato, terminada la excursión, llegaremos á nuestro alojamiento, del que nos despediremos para emprender al dia siguiente el regreso por Collbató.

DE MONTSERRAT Á COLLBATÓ

Después de visitar la montaña y todas las bellezas que atesora, emprenderemos el regreso, dirigiéndonos á Collbató por el camino que desde el Monasterio conduce á dicho punto, camino que resulta complemento de las magníficas impresiones recibidas en las anteriores excursiones.

Si se quieren visitar las Cuevas el mismo dia y regresar á Barcelona, es necesario abandonar el Monasterio al amanecer; pero nosotros aconsejamos al excursionista haga el viaje cómodamente, llegue á Collbató á la hora de almorzar, visite las ruinas del castillo que existe en su término y al dia siguiente visite las Cuevas á las primeras horas de la mañana.

El camino que se toma al salir del Monasterio, es el de San Miguel dejando á nuestro paso y como recuerdo de las anteriores excursiones los mojones que señalan la dirección de la Cueva de Garin y de las ermitas.

Dejamos también San Miguel y empezamos el descenso por accidentado camino, desde el cual al dar la vuelta en uno de los recodos que lo serpentean,

main de l'homme ont encore respectés. Son aspect, du haut du rocher sur lequel se trouve l'ermitage de la Sainte-Croix, est excessivement artistique et pittoresque (Planche XXXII).

Sainte-Croix. — C'est le plus rapproché du Monastére lorsque l'on descend par la *escala dreta* (escalier droit). Il a une citerne donnant de l'eau excellente. L'édifice était formé par deux simples corps de bâtisse. De loin, cet ermitage paraissait inaccessible; il existait cependant une infinité de chemins y conduisant, soit de Sainte-Anne, de Saint-Gérôme ou de la Trinité.

Sainte-Anne. — Cet ermitage servait de paroisse aux autres. Il fut construit en 1498 par l'abbé Cisneros. Il se trouve placé entre les ermitages de Saint-Benoît et de Saint-Jacques, sur la route de Saint-Gérôme, et manque de points de vues agréables, entouré, comme il l'est, de rochers et de broussailles. Il ne reste de cet ermitage qu'un pan de mur en ruine.

L'ermitage du Diable. — Sur les rochers qui dominent le monastère, très près de l'ermitage de la Sainte-Croix, existe un terrain entouré de vieux murs. Certains auteurs croient que c'est là que se trouvait l'ancien *Belvédère de Montserrat*, bien qu'il soit plus probable que ce lieu ait été occupé par un *beffroi* ou tour de défense du monastère primitif. Le perimètre qu'il occupe ne mesure pas plus de 20 mètres de superficie.

D'après la tradition populaire, ce fut dans ce lieu que le Démon fit paraître un ermitage et que, transformé lui-même en ermite, il apparut à Garin qu'il tenta en lui conseillant de déshonorer et d'assassiner Richilde, faits qui rendirent si tristement populaire le malheureux pénitent dont nous avons retracé la légende.

Nous traversons la fente nommée *Détroit de Gibraltar*, et, après une longue descente par un chemin en escalier, nous apercevrons le Monastère tel que nous l'avons vu sur la planche XVI. L'excursion terminée, nous arriverons peu après à notre logement, que nous abandonnerons le jour suivant pour entreprendre le retour par Collbató.

DE MONTSERRAT Á COLLBATÓ

Après avoir visité la Montagne et toutes les beautés qu'elle renferme, nous entreprendons donc le retour, en descendant à Collbató par la route du Mo-

dominamos una extensión de terreno inmensa en la que elevadísimos y lejanos montes parecen ser á nuestros pies campos llanos de cultivo.

Más abajo otro esplendente panorama nos sorprende enseñándonos á nuestros pies las ciudades de Sabadell y Tarrasa, casi toda la comarca del Vallés y la cuenca del Llobregat.

Panorama que se domina desde el camino de Collbató.

Panorama qui se déroule depuis le chemin de Collbató.

Y así sucesivamente durante cerca de tres horas de descenso, nuestros ojos no se cansan de admirar aquellos siempre nuevos y siempre bellísimos paisajes.

Cuando no existía la carretera de Monistrol á Montserrat éste era el camino más frecuentado de la montaña.

nastére qui y conduit. Cette route est vraiment le complément des agréables impressions éprouvées au cours des excursions précédentes.

Si l'on veut visiter les grottes le même jour et revenir à Barcelone, il faut abandonner le monastère dès l'aurore, mais nous conseillons au touriste de faire le voyage commodément, c'est-à-dire, d'arriver à Collbató à l'heure du déjeuner, de visiter les ruines du château, et, le jour suivant, dès la première heure du matin, les grottes.

Dès le départ du monastère on suit le chemin de Saint-Michel, en laissant derrière soi, comme souvenir des excursions antérieures, les bornes qui indiquent le chemin de la Grotte de Garin et le chemin des ermitages.

On laisse aussi Saint-Michel pour commencer la descente par un chemin accidenté, d'un des tournants duquel l'on domine une immense extension de terres sur la surface desquelles les hautes montagnes que l'on aperçoit au loin, paraissent de simples champs de culture.

Un autre panorama, superbe, nous surprend plus bas: les villes de Sabadell et de Tarrasa, presque toute la région du Vallés et la contrée du Llobregat se déroulent sous nos pieds.

Pendant près de trois heures de descente, nos yeux ne cessent d'admirer de nouvelles merveilles.

Avant qu'il existât la route de Monistrol à Montserrat, ce chemin était le plus fréquenté de la montagne.

Nous trouvons sur le parcours, la *Font seca* (fontaine sèche), qui a aussi sa tradition, comme toutes les fontaines ou sources de Montserrat.

On raconte qu'au xe siècle, Bérémond le Roux, terrible capitaine d'aventuriers, était seigneur du château du Collbató. Bérémond, tyran et rapace, imposa un tribut à tous ceux qui venaient boire ou se pourvoir d'eau à cette fontaine dont il s'était emparé.

Les pauvres mendiants mêmes devaient payer un tribut aussi odieux; ni les suppliques, ni les lamentations, rien ne put fléchir le tyran.

Dieu eut pitié des malheureux spoliés, et un jour survint un double miracle qui punit Bérémond de son avarice.

La source se dessécha et jamais plus une goutte d'eau n'en surgit; mais, en échange, une source abondante jaillit aussitôt à l'entrée du monastère. C'est la *fontaine du Portail* que nous avons vue.

A nuestro paso hallamos la *Font seca*, que como todo lo de Montserrat tiene su tradición.

Cuentan que en el siglo x era dueño del castillo de Collbató el terrible capitán de aventureros Beremundo el Rojo, y que tiránico y codicioso, impuso un tributo á cuantos se acercasen á beber ó proveerse de agua en aquella fuente de la que se había apoderado.

Hasta los pobres mendicantes tenían que pagar tan odioso tributo, y ni súplicas ni lamentos aplacaban al tirano.

Apiadóse Dios de los infelices expoliados, y un día obró el doble milagro con que castigó la avaricia de Beremundo.

Secóse la fuente mencionada, de la que nunca más ha brotado una gota de agua, y al mismo tiempo apareció abundante la que hay á la entrada del Monasterio y que hemos visto bajo el nombre de *Fuente del Portal*.

Dicen que Beremundo se arrepintió de sus pecados y acabó su vida vistiendo el tosco sayal en una de las ermitas de la montaña.

Al llegar á Collbató hallaremos cómodo alojamiento en la *Posada de las Covas*, donde se encuentran los guías y utensilios necesarios para la excursión á

LAS CUEVAS

La tarifa de guías y utensilios para visitar las cuevas es la siguiente:

Entrada por persona.	pesetas 0'50
Por cada guía.	idem 3
Por cada antorcha.	idem 2
Por cada bengala.	idem 0'75

El camino de Collbató á las cuevas es cómodo y fácil, la abertura está cerrada por sencilla verja de hierro; penetramos en el interior y nos encontramos la *Cueva Vestíbulo* donde gracias á la luz que penetra á las primeras horas de la mañana por su enrejada abertura, podemos admirar una inmensa cantidad de rocas que parece han de desplomarse y aplastar al atrevido viajero que pretenda trasponerlas, y aumenta esta impresión la gran cantidad de piedras que desordenadas se ven por el suelo, como si fuesen estudiada valla destinada á interceptarle la entrada. Internándonos y dirigiendo nuestros pasos hacia el Oeste por

On dit que Bérémond se repentit de ses fautes et qu'il finit ses jours sous la grossière bure des ermites, dans un des ermitages de la montagne.

En arrivant à Collbató, nous trouverons à nous loger commodément à l'*Auberge des Grottes*, où nous trouverons des guides et les ustensiles nécessaires pour entreprendre l'excursion aux grottes.

LES GROTTES

Le tarif des guides et des ustensiles nécessaires pour visiter les grottes est le suivant:

Entrée, par personne.	Francs.	0,50
Pour chaque guide	—	3,00
Pour chaque torche.	—	2,00
Pour chaque lumière de bengale	—	0.75

Le chemin de Collbató aux grottes est commode et facile, l'ouverture est fermée par une simple grille en fer. Nous pénétrons à l'intérieur et nous trouvons d'abord la *grotte vestibule* dans laquelle, grâce à la lumière du jour qui y pénètre dès le matin par l'ouverture grillée, on peut admirer une quantité de rochers qui semblent prêts à se détacher de la voûte pour écraser le touriste audacieux qui prétend y pénétrer. Cette impression grandit en remarquant l'infinité de pierres répandues sur le sol dans un désordre confus et qui semblent avoir été jetées là en guise de barrière pour en défendre l'accès. En nous dirigeant vers l'Ouest, parce que ce chemin est plus facile, nous pénétrons dans les grottes proprement dites où l'usage des torches devient nécessaire pour continuer la visite.

En entrant dans la première grotte, nous sommes frappés par l'éclat de ses couleurs. Le sol, les parois et les voûtes resplandissent d'une façon féerique, les rochers étant formés par du talc et du carbonate de soude.

La première grotte est immensément grande. De formidables pyramides de rochers semblent jaillir de l'abîme pour en supporter d'autres bien plus gigantesques, sur lesquelles s'appuient d'autres encore, formant des voûtes et des arcs irréguliers qui semblent suspendus dans l'espace. Le sol est jonché de si-

ser más fácil el camino, penetramos ya en las cuevas propiamente dichas, y desde allí se hace necesario el uso de las antorchas para proseguir adelante.

Al entrar en la primera cueva, llama nuestra atención la brillantez de sus colores. Suelo, muros y bóvedas brillan con fantástico esplendor, efecto del carbonato de sosa, y talco de que se componen las rocas.

La primera cueva es inmensamente grande; formidables pirámides de rocas surgen del abismo para sostener otras colosales, sobre las que gravitan otras aun, formando arcos y bóvedas irregulares, que parecen suspendidas en el aire; el suelo está lleno de sinuosidades y profundos abismos, que obligan al excursionista á seguir el camino trazado por los guias. Encontramos después la gruta conocida por *La Cuina*, á causa del color negruzco de las rocas, siendo esta cueva la que en 1808 servia de abrigo á los somatenes catalanes, que tanto dieron que hacer al ejército invasor. Llaman la atención en esta cueva enormes estalácticas, imponentes y admirables por sus variadas y caprichosas formas, que á la luz de las antorchas parecen fúnebre cortejo de duendes y fantásticas figuras. En esta misma cueva es donde la tradición explica que el célebre guerrillero *Mansueto*, valiéndose de extraña estrategema hizo retroceder con el ruido de un caldero á un numeroso destacamento de soldados franceses que le perseguían.

Dejando las pequeñas cuevas que á ésta rodean y pasando una galería muy húmeda y un estrecho pasaje, llegaremos á la cueva llamada *El Camarín*, como otra que se visita posteriormente y que más parece un salón decorado con todos los refinamientos del moderno arte ornamental, que fenómeno geológico de la naturaleza. Se sale de esta cueva por la misma escalera que nos ha servido de entrada, y se visita la *Tocador de las Silfides* como la llamó Balaguer, pequeña gruta en donde los prodigios y filigranas del arte naturaleza, sobrepujan en cantidad y refinamiento á la anterior. Esta cueva es sumamente baja de techo.

Bajamos después á la gruta inferior llamada *Pozo del diablo*, cuyo ingreso es sumamente difícil y peligroso. Por estrecha galería pasamos á la cueva llamada *Claustro de los Monjes*, que efectivamente, parece un claustro medioeval con sus arcuaciones columnas, capiteles, ojivas y cuanto singulariza los monumentos de los siglos XIV á XVI, cual si los artistas de aquella época hubiesen encontrado realmente en este fantástico sitio su fuente de inspiración. Llenan los muros numerosas inscripciones de personajes célebres que han visitado estas cuevas dejando sus nombres grabados en las rocas.

nuosités et de gouffres qui obligent le touriste à suivre le chemin indiqué par les guides.

Nous rencontrons ensuite la grotte connue sous le nom de *La Cuina* (la cuisine), à cause de la couleur noirâtre des rochers. En 1808, cette grotte servit de

Plano de las Cuevas. — Plan des Grottes.

refuge aux *somatents* catalans qui hostilisèrent si souvent l'armée des envahisseurs. Dans cette grotte on rencontre d'énormes stalactites, admirables et imposantes par la variété de leurs formes originales, qui paraissent à la lueur des torches un cortège macabre de revenants et de figures fantastiques. C'est dans cette grotte, dit la tradition, que le célèbre franc-tireur (*guerrillero*) Mansueto,

Ascendiendo en nuestra excursión llegamos á la *gruta de las estalactitas* llamada también Camarin, en la que las filtraciones continuas de las aguas han formado una rica combinación de pilastras, relieves, columnas y cuanto de bello é ideal pueda crear la arrebatada imaginación del más soñador artista. Siguiendo á la derecha encontramos la *gruta del Elefante*, llamada así por existir una roca en el centro de la misma, que parece uno de estos descomunales paquidermos, que en las guerras antiguas llevaban sobre sus espaldas ambulante castillo con sus defensores; la alucinación es tan completa que nos parece admirar en las paredes caprichosos geroglíficos egipcios, que completan la idea de la decoración oriental de esta gruta, al salir de la cual hallaremos otro pozo llamado la *Boca del Infern*. Se han de bajar 5 metros venciendo peligrosas dificultades y sobre la abertura del pozo hay una roca inclinada que parece querer desplomarse. Bajamos la escalera, atravesamos una gruta húmeda y llegamos á la *Galería de los fantasmas*, llamada así por verse destacar á la izquierda sobre el fondo obscuro de sus muros, cuatro grupos blancos que parecen estatuas funerarias ó fantasmas inanimados. En esta galería es notable el contraste de las estalactitas y estalagmitas que cubren sus muros en las más caprichosas formas. Tiene esta galería seis grutas secundarias, de las cuales sólo es digna de mención la segunda llamada de los *Murciélagos*, por encontrarse en ella durante el dia gran cantidad de estos animales.

Subimos unos 6 metros y saldremos á la cueva llamada *Salón de las Columnas*, digna rival de la anterior.

Su elevación es inmensa; la luz de las antorchas que no alcanza á iluminarla atravesando los huecos formados por las roturas de la columnata que la rodea produce efectos y contrastes verdaderamente fantásticos. La salida de esta cueva se opera por un estrecho pasaje formado por inmensa roca que sostienen dos pilastras pertenecientes á la cueva que abandonamos.

Pasamos á otra cueva cuyo techo parece finísimo artesonado, adornado con delicados pendientes de estalactitas, y por ella se da acceso á la denominada *Abside Gótico*.

Esta es la última de esas admirables y fantásticas creaciones de la naturaleza; de forma casi circular y elevada bóveda, parecen adornadas sus paredes con calados y blondas que el color amarillo de la arcilla que las cubre, convierte en dorados reflejos y aparecen como acabada obra de orfebrería.

employant un étrange stratagème, fit reculer un fort détachement de soldats français qui le poursuivaient. Mansueto prit un chaudron qu'il laissa tomber et retomber avec fracas dans la grotte.

En laissant les petites grottes qui entourent celle dite de *La Cuina*, on traverse une galerie très humide, puis un passage très étroit et l'on atteint la grotte du *Camarin* et une autre que l'on visite après et qui ressemble plutôt à un salon orné des détails les plus délicats de l'art moderne qu'à un phénomène géologique de la nature. On sort de cette grotte par le même escalier qui a servi d'entrée et l'on visite le *Tocador de las Silfides* (cabinet de toilette des sylphides), ainsi que l'a baptisé Balaguer, petite grotte dans laquelle les merveilles et les filigranes de l'art-nature surpassent celles du *Camarin* par leur abondance et leur raffinement. La voûte de cette grotte est excessivement basse.

Nous descendons à la caverne inférieure connue sous le nom du *Puits du Diable*, dont l'entrée est excessivement difficile et périlleuse. Par un corridor étroit nous passons à la grotte nommée *Cloître des Moines* qui ressemble effectivement à un cloître du moyen âge avec ses arcatures, ses colonnes, ses chapiteaux, ses ogives et tout ce qui caractérise les monuments des xive et xve siècles, comme si les artistes de ces temps-là eussent puisé leur inspiration dans ce lieu fantastique. Les murs sont remplis d'inscriptions dues à des personnages célèbres qui visitèrent ces grottes et gravèrent leurs noms sur les rocs.

En remontant, au cours de notre excursion, nous atteindrons la *grotte des stalactites*, nommée, elle aussi, Camarin, dans laquelle l'incessante filtration des eaux a formé une riche combinaison de piliers, de reliefs, de colonnes, en un mot, de tout ce que pourrait créer de beau et d'idéal l'imagination la plus féconde du plus rêveur des artistes. En suivant, on trouve, sur la droite, la *grotte de l'éléphant*, ainsi nommée parce qu'au centre s'élève une roche qui ressemble à un pachyderme des plus énormes de l'époque où cet animal, dans les anciennes guerres, portait sur son dos un château ambulant avec ses défenseurs. L'illusion est si complète, qu'il nous semble voir sur les parois de capricieux hiéroglyphes égyptiens complétant l'aspect oriental de cette grotte. En sortant, nous trouvons la *bouche de l'Enfer*. Pour l'atteindre il y a une descente de 5 mètres, excessivement dangereuse. Sur l'ouverture du puits, une roche inclinée semble vouloir se détacher de la voûte. Nous descendons l'escalier, nous traversons une grotte humide et nous atteignons *la galerie des fantômes*, ainsi nommée

Distinguese desde esta cueva, una profunda galería que indica el paso á otras interiores, pero ni la temperatura ni las filtraciones continuas de las aguas subterráneas, permiten su exploración, por lo que se considera terminada la visita, que nos ha empleado ya dos horas, y saliendo por el camino de las *Escalas* se atraviesa el torrente y se regresa á Collbató.

Cueva *Salón de las Columnas.* — Grotte *Salon des Colonnes.*

Conviene al visitar las cuevas que el excursionista vaya prevenido, pues de la gruta de entrada á la última que se visita, hay una diferencia de 10 grados en la temperatura.

parce qu'on aperçoit, à gauche, sur le fond gris de ses parois, quatre groupes blancs qui ressemblent aux pleureuses de marbre des mausolées ou à des fantômes inanimés. Ce qu'il y a de plus remarquable dans cette galerie, c'est le contraste produit par les stalactites et les stalagmites qui couvrent ses murs sous les formes les plus diverses. Cette galerie renferme six grottes secondaires, parmis lesquelles il faut citer la deuxième, dite *grotte des chauves-souris.* Pendant le jour ces animaux abondent dans cette grotte.

Nous gravissons environ 6 mètres et nous atteignons le *salon des colonnes,* digne rival de la grotte antérieure.

Son élévation est extraordinaire; la lumière des torches ne parvient pas à l'éclairer, mais produit cependant, à travers les fissures des colonnes formées par le roc, des effets et des contrastes vraiment fantastiques.

La sortie de cette grotte a lieu par un passage étroit, formé par un rocher, soutenu par deux piliers, appartenant à la grotte que nous abandonnons.

Nous traversons une autre grotte dont la voûte ressemble à un plafond délicatement lambrissé, orné de stalactites. On pénètre de cette grotte à celle connue sous le nom *d'abside gothique,* la dernière de ces admirables et fantastiques créations de la nature. La forme est presque circulaire; sa voûte élevée, ses parois, paraissent ornés de broderies et dentelles. La couleur jaunâtre de l'argile qui les recouvre produit des reflets dorés qui les font ressembler à l'œuvre d'un orfèvre.

L'on découvre dans le fond une longue galerie communiquant avec d'autres, mais la température et les continuelles filtrations des eaux souterraines empêchent d'y pénétrer, ce qui fait que l'excursion aux grottes, pour laquelle nous avons employé deux heures, s'arrête-là. En sortant par le chemin des *Escalas,* on traverse le torrent et l'on revient à Collbató.

Il faut pour visiter les grottes que le touriste soit prévoyant, car de la grotte d'entrée à la dernière que l'on visite, il existe une différence de température de 10 degrés.

Jusqu'à la moitié de ce siècle la plupart des touristes qui visitaient Montserrat, ignoraient l'existence de ces grottes, bien qu'elles fussent connues et eussent été visitées plusieurs siècles auparavant. Si l'on peu les visiter aujourd'hui commodément, cela est dû à l'initiative du docteur Font y Ferrés, qui, en 1851, fit des recherches qui lui permirent de fournir des renseignements précis pour effectuer cette excursion.

Hasta mediados del presente siglo, la mayor parte de los excursionistas que visitaban Montserrat, ignoraban que existieran estas Cuevas, á pesar de que se ha comprobado que eran ya conocidas y visitadas en la Edad Media, y si hoy se hace cómodamente su excursión y se encuentran á mano cuantos elementos son necesarios para ello, débese á la iniciativa del doctor Font y Ferrés, que en 1851 hizo las investigaciones necesarias hasta precisar su situación, estado y forma viable.

Para emprender el regreso de nuestro viaje, encontraremos en Collbató un servicio de carruajes combinados, que pasando por Esparraguera, conducen á Martorell para tomar el tren que ha de dejarnos otra vez en Barcelona.

NOTAS SUPLEMENTARIAS

Llamamos á este capitulo notas suplementarias, por ser complemento de los anteriores, y puesto que nos hemos extendido más de lo que pensábamos en estos *Apuntes,* no queremos cerrarlos privando á nuestros lectores de algunas noticias y detalles que han de interesarles. y que no han sido incluidos en ellos.

Seguiremos á guisa de indice los párrafos precedentes, ampliándolos con algunos datos y noticias que completen lo anteriormente expuesto.

Origenes de Motserrat.— Geológicamente consideradas, merecen las Montañas de Montserrat profundo estudio. y para ello aconsejamos al lector la obra del docto canónigo Dr. D. Jaime Almera: *Estudios geológicos sobre la Constitución, origen, antigüedad y porvenir de la Montaña de Montserrat,* de la cual extractamos los siguientes párrafos:

» La montaña de Montserrat es efecto de un levantamiento; despúes de haber
» estado la comarca que abraza su periferia debajo el fondo de las aguas en que
» se produjeron depósitos de rocas y guijarros unidos entre si con la caliza, sur-
» gió la montaña dèl fondo del mar, por una fuerza subterránca colosal.

» Este hecho debió ocurrir despúes de la aparición ó existencia de los *num-*
» *mulites,* ya que sus restos fósiles, asi como otras especies del periodo *nummu-*
» *lítico,* se encuentran enterradas en las segundas capas de la región media de
» la montaña. lo que indica claramente que, mientras vivieron, estaba toda ella
» debajo las aguas marinas.

Pour le retour, nous trouverons à Collbató un service de voitures nous conduisant á Martorell, par Esparraguera, pour prendre le train de Barcelone.

NOTES SUPPLÉMENTAIRES

Nous donnons à ce chapitre le titre ci-dessus, parce que les lignes suivantes forment réellement le complément des *Notes* antérieures, auxquelles nous ne pensions pas donner autant d'extension. Puisqu'il en a été autrement, nous ne voulons pas terminer notre travail sans y ajouter quelques notices et quelques détails qui intéresseront sûrement nos lecteurs.

Nous suivrons, à cet effet, l'ordre des paragraphes précédents.

Origine du Montserrat.—Ces montagnes, considérées au point de vue géologique, demandent une étude spéciale. Nous conseillons au lecteur de consulter à cet effet l'ouvrage du savant chanoine, docteur Jacques Alméra : *Etudes géologiques sur la constitution, l'origine, l'ancienneté et l'avenir de la Montagne de Montserrat,* de laquelle nous extrayons les lignes suivantes :

« La montagne est l'effet d'un soulévement. Après être restée sous les eaux,
« où se produisirent les dépôts de roches et de cailloux amalgamés par la chaux,
« toute la surface qu'elle embrasse,—de même que la région, - surgit du fond de
« la mer, sous l'impulsion d'une force souterraine colossale.

« Ce fait dû se produire après l'apparition ou l'existence des *nummulites,*
« puisqu'on retrouve dans les secondes couches de la région moyenne de la
« montagne, ces restes fossiles et d'autres appartenant à diverses espèces de la
« période *nummulitique.* Cela prouve parfaitement, qu'à l'époque où vivaient ces
« animaux, toute la montagne se trouvait sous les eaux de la mer.

« La cause du soulévement fut la même que celles de tous les soulèvements,
« c'est-à-dire, quelle fut produite par l'énorme tension des matières et des va-
« peurs emprisonnées sous la croûte terrestre, qui fut s'amincissant à mesure
« qu'elle refroidissait. Cette force, proportionnelle à la pression exercée sur le
« centre en état d'ébullition et gazeux, fit que la croûte agit avec plus de violence
« sur certains points que sur d'autres. »

Aspect et situation topographique. —La nature de ces montagnes est si caractéristique, si spéciale, que ses rochers brisés, qui semblent placés par la main ,l'homme, et ses crêtes géantes et multiformes, que rien n'égale, ont

» La causa de la exaltación fué la general y ordinaria de todos los levanta-
» mientos: esto es, la enorme tensión de los materiales y de los vapores encar-
» celados por la corteza de la tierra, que con el tiempo va reduciendo su volumen
» en virtud del enfriamento que experimenta. Esta fuerza de tensión, propor-
» cional á la presión sobre el núcleo hirviente y gaseoso, hace que la corteza
» obre á veces con mayor fuerza en unos puntos que en otros.»

Aspecto y situación topográfica. — Es tan característica y tan especial la naturaleza de estas montañas, que sus peñones desgajados como colocados por
mano de hombre, sus crestas gigantescas y multiformes, á las que nada iguala,
han arrancado de las mejores plumas, frases de admiración y entusiasmo.

Léanse sino: Piferrer en sus *Recuerdos y bellezas de España;* el insigne cronista Pujades; *Las grandezas de España* del maestro Medina; el *Cataluña ilus-
trada* de Estéban de Corbera; el *Viaje Literario* del P. Villanueva; los eruditos
escritores Reverendo P. Garau, Juan Pérez de Moltalván, Virnés, y tantos otros
que sería prolijo enumerar, y podrá verse como no exageramos al atribuir á las
Montañas de Montserrat, una superioridad incontrastable sobre todas sus simi-
lares.

A quien interese conocer y estudiar la flora de estas Montañas, aconsejamos el estudio de las obras del distinguido botánico don Cipriano Costas, *Ca-
tálogo de plantas de Cataluña* y la *Excursión entomológica y botánica á la Montaña
de Montserrat,* por Miguel Cuní y Martorell.

Cronología histórica. — Hemos compendiado cuanto se sabe de los primitivos tiempos y hemos dicho en la página 9 que al año 880 fué milagrosamente
descubierta la Santa Imagen.

He aquí como describe el milagroso hallazgo el insigne cronista Pujades:

« Yendo unos muchachos del pueblo de Monistrol apacentando sus reses por
» la montaña, acaeció sucederles algunos sábados al concluir la tarde y cerca de
» la noche, ver que en una cueva que mira á Oriente, descendían desde el cielo
» algunos resplandores, como velas ó luces de cera, con tanta claridad que admi-
» raba contemplarlas: en seguida se solía oir grande melodía de suavísimos can-
» tares y concertada música.

» Vistas y oídas una y otra vez aquellas celestiales visiones con la suavidad
» de la sonora música, empezaron los muchachos á catarse de ello, á referirlo á

arraché des phrases d'admiration et d'enthousiasme aux meilleures plumes. Li-
sez, plutôt: les *Souvenirs et Beautés d'Espagne,* de Piferrer; l'insigne chroniqueur
Pujadès; *les Grandeurs de l'Espagne,* de maître Medina; *la Catalogne illustrée,*
d'Etienne de Corbera; *le Voyage littéraire,* du P. Villanueva, et les études des
érudits PP. Garau, Jean Pérez de Montalvan, Virnés et tant d'autres qu'il
serait trop long d'énumérer. La lecture de ces auteurs suffira à prouver que nous
n'exagérons pas en attribuant aux montagnes de Montserrat une supériorité in-
contestable sur toutes ses similaires. A ceux qu'intéresseraient la connaissance
et l'étude de la flore de ces montagnes, nous conseillons de lire les ouvrages du
savant botaniste Don Cyprien Costas, le *Catalogue des plantes de la Catalogne,*
et l'*Excursion enthomologique et botanique à la Montagne de Montserrat,* de Michel Cuni Martorell.

Chronologie historique. — Nous avons résumé tout ce que l'on sait des temps
primitifs et nous avons dit, page 9, que la Sainte Image de la Vierge fut miraculeusement découverte l'an 880.

Voilà dans quels termes décrit cette miraculeuse découverte le fameux chroniqueur Pujadès:

« Des enfants du village de Monistrol qui menaient paître des troupeaux sur
« la montagne, remarquèrent durant plusieurs samedis, vers le soir, presque à
« la nuit, que dans une grotte faisant face à l'Orient, descendaient du ciel des
« jets de lumière ayant la forme de chandelles ou lumières de cire, et dont l'éclat
« frappait d'admiration; on entendait aussitôt une grande mélodie de doux chants
« et d'harmonieuse musique.

« Ces célestes visions, vues et entendues plusieurs fois dans la douceur de
« leur musique sonore, les enfants commencèrent à s'en flatter, à le raconter à
« leurs parents et à tous ceux qui les questionnaient, jusqu'à ce que quelques
« curieux voulurent se convaincre de la réalité de leur récit.

« Décidés à cela, ils allèrent pendant plusieurs samedis en compagnie des
« enfants qui les guidaient, pour connaître la vérité, et ils virent que, réellement,
« ces derniers ne s'étaient trompés en rien.

« Voyant un fait aussi mystérieux, ils le dénoncèrent au curé de Monistrol.
« Celui-ci, désirant ne pas agir à la légère dans une chose si importante, voulut
« essayer quatre samedis durant, si la vision était vraiment une chose subsis-

» sus padres y á cuantos después lo preguntaban al punto que algunos curiosos » quisieron probar si era verdad lo que contaban.

» Determinados á esto, se pusieron algunos sábados en compañía de los chi- » quillos que les guiaban á tentar la verdad y vieron que ciertamente en nada de » lo dicho se engañaban.

» Viendo cosa tan misteriosa, lo denunciaron al Rector de Monistrol el cual » por no proceder de ligero en cosa de tanta importancia, quiso probar por cua- » tro sábados, si la visión en efecto de verdad era cosa subsistente, más ni él, ni » otro alguno pudo llegar á acercarse á la Cueva para ver y descubrir lo que había » en ella, y juzgándolo cosa celestial, determinó partir para dar razón de aquel » caso al Obispo Gundemaro (Gotmar) que se hallaba en Manresa.»

Ya hemos visto como se trasladó la Imagen y empezó la construcción de la primera iglesia y Monasterio del que fué abadesa Riquilda hija de Wifredo, y como esto coincide con la leyenda de Garin, hace suponer que este anacoreta vivía ya en la Montaña cuando se descubrió la Santa Imagen.

La figura legendaria de Garin desaparece de la historia después del hallazgo de Riquilda enterrada viva, pero algunos cronistas pretenden que trabajó con grande ardor en la construcción del Monasterio y que una vez terminado se retiró á la Cueva que hoy se visita, donde acabó su existencia tras exagerada penitencia el 21 de Mayo de 898.

Su cuerpo, según Serra y Postius, fué sepultado en 905 en la entrada de la iglesia vieja, hasta que en 1608 fueron sacados de allí sus huesos y puestos en una urna de terciopelo negro con galones de oro, se colocó en la Sacristía, donde debió quedar hasta 1811 que desaparecería con el incendio.

Podemos añadir como datos cronológicos de los siglos x á xv.

En 1.º de Mayo 1228 visitó el Monasterio San Pedro Nolasco decidiendo, inspirado por la Virgen, la fundación del orden de Mercenarios.

En 1317, el abad Escarrer, para aliviar algo las grandes penalidades que ocasionaba á los peregrinos que se dirigían á la Montaña, el paso del río Llobregat, ordenó la construcción del puente de piedra en Monistrol.

La iglesia antigua fué consagrada por el arzobispo de Tarragona en 29 de Enero de 1341.

En 1387, subió á pie descalzo desde Monistrol al Monasterio, Doña Violante, esposa de Juan I.

« tante; mais, ni lui, ni personne ne purent parvenir à s'approcher de la grotte pour « voir et découvrir ce qu'elle renfermait. Jugeant ce fait céleste, il décida d'aller « en rendre compte à l'évêque Gundemaro (Gotmar) qui se trouvait à Manresa.»

Nous avons déjà vu comment l'Image fut transportée et comment commença la construction de la première église et du monastère dont Richilde, fille de Wifred, fut l'abbesse. Ce fait coïncidant avec la légende de Garin, il est à supposer que cet anachorète habitait déjà la montagne lorsqu'on découvrit la Sainte Image.

La figure légendaire de Garin disparaît de l'histoire après la découverte de Richilde enterrée vivante, mais certains chroniqueurs prétendent qu'il travailla avec ardeur à la construction du monastère et qu'une fois terminée il se retira dans la grotte que l'on visite de nos jours, où il finit son existence, après une vie de pénitence outrée, le 21 mai 898.

Son cadavre, d'après Serra et Postius, fut inhumé, en 905, à l'entrée de la vieille église, d'où, en 1608, l'on exhuma ses ossements qui furent placés dans une urne recouverte de velours noir avec galons dorés. Cette urne fut déposée dans la sacristie, où elle dut demeurer jusqu'en 1811, époque à laquelle elle fut sans doute la proie des flammes.

Nous pouvons ajouter aux renseignements chronologiques du xe au xve siècles, que le 1er mai 1228, Saint-Pierre Nolasque visita le Monastère, et, qu'inspiré par la Vierge, il se décida à fonder l'ordre de la Merci.

En 1317, l'abbé Escarrer, dans le but de rendre moins pénible aux pèlerins le voyage à Montserrat, fit jeter à Monistrol, sur la rivière du Llobregat, un pont construit en pierre.

L'ancienne église fut consacrée par l'archevêque de Tarragone le 20 janvier 1341.

En 1287, Doña Violante, épouse de Jean Ier, monta nu-pieds de Monistrol au Monastère.

En 1493, lorsque Christophe Colomb eut découvert l'Amérique, un moine de Montserrat, Bernard Buil, fut nommé premier archevêque et Patriarche des Indes. Douze moines catalans du même monastère accompagnèrent frère Buil au delà des mers. Le Pape Alexandre VI ratifia le choix fait par les Rois Catholiques, et nomma Buil son Légat à Latère.

En 1499 on installa une imprimerie à Montserrat.

En el año 1493, un monje de Montserrat, Bernardo Buil, fué nombrado primer arzobispo y Patriarca de las Indias, al ser descubierta América por Colón. Junto con fray Buil pasaron á Ultramar doce monjes catalanes del propio Monasterio. El papa Alejandro VI confirmó la elección, indicada por los Reyes Católicos, y nombró á Buil su Legado á Latere.

En 1499, se instala una imprenta en Montserrat.

De los siglos XVI á XVIII sólo podemos añadir como sucesos notables, la construcción de las naves laterales de la iglesia antigua en 1537; la donación de la preciosa lámpara que Felipe II legó al morir, y que se colocó en el Monasterio en 1602; en 1669 el Duque de Medinaceli regaló un artístico corazón de oro, engarzado con 38 diamantes; en 1682 el marqués de Castel-Rodrigo, hizo presente de una nave de plata de peso cuatro arrobas, el mismo año se recibieron de Méjico, un riquísimo manto bordado en oro y una perla de tamaño extraordinario; y en 1685 el cardenal Mollini puso en manos de la Virgen una preciosa sortija.

El 10 de Mayo de 1691 se incendiaron los vestidos de la Virgen apagándose el fuego milagrosamente sin que la Santa Imagen sufriese el más leve daño.

En 1709 visitó el Monasterio el duque Felici de Irlanda, y en 1717 el Cardenal Judice. En 1726 se substituyó en la iglesia el antiguo entarimado de madera por un magnífico pavimento de mármol.

El Monasterio y aposentos construídos en 1755 fueron dirigidos por el arquitecto Juan Carreño.

A los hechos más culminantes que del siglo actual llevamos descritos, podemos añadir que las huestes francesas habían intentado ya en 1809 apoderarse del Monasterio, atacándolo inútilmente la división Desveaux.

El desastre de 1812 costóle la vida al general Mathieu que lo había dirigido, pues hay que confesar, en honor de la verdad, que si bien el ejército francés contestaba con actos violentos á la cruenta guerra que se le hacía por los naturales del país, hechos vandálicos como los que se cometieron en estas Montañas no los llevó á cabo en ningún otro sitio, ni son para tolerados entre naciones civilizadas; tanto fué así, que entre los mismos oficiales del ejército invasor, llegó á mirarse con repugnancia el inicuo proceder y los criminales atentados cometidos en Montserrat por el general Mathieu, quien, habiéndole increpado violentamente otro general por su falaz conducta, contestó con duros términos, con-

Comme événements remarquables, du XVIᵉ au XVIIIᵉ siècles, nous ne pouvons ajouter que la construction des nefs latérales de l'ancienne église, en 1537; le don de la précieuse lampe que Philippe II léga en mourant et qui fut placée au Monastère en 1602; en 1669, le duc de Medinacelli fit cadeau d'un artistique cœur en or, entouré de 38 diamants; en 1682, le marquis de Castel-Rodrigo, fit présent d'une nef en argent du poids de quatre *arrobes* (40 kilog.); on reçut du Mexique, à la même époque, un richissime manteau brodé d'or et une perle d'une grosseur extraordinaire; en 1685, le cardinal Mollini mit au doigt de la Vierge une précieuse bague.

Le 10 mai 1691, les vêtements de la Vierge s'étant incendiés, le feu s'éteignit miraculeusement sans que la Sainte Image souffrit le moindre dommage.

En 1709, le duc Felici d'Irlande visita le Monastère. En 1717, le cardinal Judice le visita aussi. En 1726, le vieux parquet en bois de l'église fut remplacé par un magnifique pavage en marbre.

Les travaux du Monastère et des logements, en 1765, furent dirigés par l'architecte Jean Carreño.

Aux faits les plus saillants du siècle actuel, que nous avons déjà décrits, nous pouvons ajouter que les hordes françaises avaient déjà tenté, en 1809, de s'emparer du Monastère, qui fut attaqué en vain par la division Desveaux.

Le désastre de 1812 coûta la vie au général Mathieu qui l'avait dirigé; il faut reconnaître, en honneur de la vérité, que s'il est vrai que l'armée française répondait par des actes de violence à la guerre sanglante que lui faisait les gens du pays, nulle autre part qu'à Montserrat furent commis de pareils faits de vandalisme, qui ne sauraient être tolérés entre nations civilisées. Les officiers mêmes de l'armée française voyaient avec répugnance la conduite inique et les attentats criminels du général Mathieu. Celui-ci ayant été durement reprimandé par un autre général, à cause de sa façon d'agir, répondit grossièrement, et un duel fut réglé entr'eux. La rencontre eut lieu dans les environs de Martorell et le général Mathieu resta sur le terrain.

De 1820 à 1824, le Monastère fut dépouillé de tout ce qui lui était resté. Le 28 juillet 1821, un maire de Martorell, demeuré célèbre, s'en fut à Montserrat comme délégué du *Crédit Public* et prit possession des biens, des bijoux et de tout ce qui avait pu échapper à la rapine de l'armée des envahisseurs.

En 1824, le Conseil Municipal de la ville de Barcelone fit cadeau à la Vierge

certándose entre ambos un duelo, que tuvo lugar en las cercanías de Martorell, y le costó la vida al general Mathieu.

Durante los años 1820 á 24, el Monasterio se vió despojado de cuanto le había quedado, y en 28 de Julio de 1821 un célebre alcalde de Martorell fué como delegado del *Crédito Público* á incautarse de los bienes, alhajas y cuanto había podido salvarse en el Monasterio de la rapiña del ejército invasor.

En 1824 el Ayuntamiento de Barcelona regaló á la Virgen una preciosa corona, sacras y candelabros de plata. En 1859 se inauguró la magnífica carretera que va de Monistrol al Monasterio.

Como hemos dicho anteriormente, el culto quedó regularizado en 1844 y continúa hoy con las mismas reglas de entonces.

A las cuatro de la madrugada entran los monjes en el coro á rezar *Maitines*. A las cinco y media la Escolanía canta la Misa matinal. A las siete vuelven los monjes al coro, cantan *Prima*, y á las nueve, antes de la Misa conventual cantan *Tercia*, rezando *Sexta* después de dicha Misa, y *Nona* á las once, pasando antes al Camarín á adorar á la Virgen.

A las dos y media cantan *Vísperas* y repiten la visita á la Virgen.

A las cuatro y media la Escolanía reza *Maitines* y *Laudes*, empezando á las siete de la tarde el *Rosario*, *Salve* y *Gozos*, que terminan á las ocho y media, que la Comunidad reza *Completas*. El tercer Domingo de cada mes se celebra la Misa conventual con exposición del Santísimo Sacramento.

En 1881, la Juventud Católica de Barcelona ofreció á la Virgen un precioso cetro de oro engarzado de piedras preciosas.

La corona que las provincias catalanas regalaron á la Virgen este año, fué labrada en los talleres del platero Suñol, de Barcelona.

El 10 de Enero de 1885 se inauguró el Colegio de Misioneros para Ultramar, creado á indicación del P. Rosendo Salvado, obispo de Puerto-Victoria, saliendo la primera expedición, compuesta de siete monjes y seis hermanos, el 16 de Agosto de 1895, acompañándoles el mismo padre Abad, que fué con ellos hasta dejarlos instalados en Surigao, isla de Mindanao (Filipinas).

En 1889 su Santidad León XIII remitió como ofrenda á la Virgen un precioso cáliz y vinagreras.

El 19 de Marzo de 1891 se inauguró la Banda-orquesta formada por los escolanes, y este mismo año el joyero señor Cabot regaló una preciosa Custodia.

d'une précieuse couronne, de sacres et de candélabres en argent. En 1859, eut lieu l'inauguration de la grande route qui va de Monistrol au Monastère.

Ainsi que nous l'avons dit plus haut, le culte fut définitivement réglé en 1844. Les mêmes règles d'alors sont celles que l'on suit de nos jours.

A quatre heures du matin les moines entrent au chœur afin de réciter les *Matines*. A cinq heures et demie, les enfants de la maîtrise *(escolania)* chantent la messe du matin. A sept heures les moines retournent au chœur et chantent *Prima*, et à neuf heures, avant la messe conventuelle, *Tercia*. Après la messe, ils récitent *Sexta*, et, à onze heures, *Nona*, après avoir fait la visite à la Vierge dans son *Camarin*.

A deux heures et demie, les enfants de chœur récitent *Matines* et *Laudes*. A sept heures du soir commence *le Rosaire*, *le Salut*, les *Gozos* (joies) — cantiques particuliers à Montserrat — qui terminent à huit heures et demie, heure à laquelle la communauté récite *Complies*. Le troisième dimanche de chaque mois on célèbre la messe conventuelle avec exposition du Très-Saint-Sacrement.

En 1881, la Jeunesse catholique de Barcelone offrit à la Vierge un joli sceptre en or orné de pierres précieuses.

La couronne que les provinces catalanes donnèrent à la Vierge cette année-là, fut ciselée dans les ateliers de l'orfèvre Suñol, de Barcelone.

Le 10 janvier 1885, eut lieu l'inauguration du collège des Missionnaires d'Outremer créé sur l'indication du P. Rosendo Salvado, évêque de Port-Victoria. La première expédition partit de Montserrat le 16 août 1895. Elle était composée de sept moines et de six frères, accompagnés par l'Abbé en personne qui fut les installer à Surigao, dans l'île de Mindanao (aux Philippines).

En 1889, S.S. Léon XIII envoya comme offrande à la Vierge, un beau calice et des burettes.

Le 19 mars 1891, l'orchestre formé par les enfants de chœur donna sa première audition. La même année, l'orfèvre M. Cabot fit cadeau à la Vierge d'une riche custode.

En 1895 fut établie la ligne du téléphone qui met le Monastère en communication avec la Grotte, Monistrol et la propriété du *Castell del Mas* que possède la communauté sur le territoire d'Olésa.

Le 13 juillet 1896, le cardinal Casañas visita le Monastère.

Ce chapitre termine par l'installation de la lumière électrique dans les dépen-

En 1895 se estableció una línea telefónica que pone en comunicación el Monasterio con la Cueva, Monistrol y la finca del *Castell del Mas*, que posee la Comunidad en el término de Olesa.

El día 13 de Julio de 1896 visitó el Monasterio, el cardenal Casañas.

Ciérrase este capítulo con la instalación de la luz eléctrica en las dependencias interiores del Monasterio que se inauguró en 25 de Abril de 1896, y la construcción del nuevo órgano, que dejó terminado el señor Amezúa, en 26 de Junio del mismo año.

Los Castillos de Montserrat.—Una leyenda popular dice haber existido un Castillo donde se halla situada la ermita de San Dimas, el cual era habitado por malhechores y salteadores de caminos, hasta que se formó una legión de jóvenes de Monistrol que lo asaltaron y, matando á sus moradores, derribaron el castillo levantando sobre sus ruinas la primitiva ermita de San Dimas, á esto se debe su nombre titular, por ser el del Buen ladrón. También correspondería á este capítulo la *ermita del Diablo*, de que hemos hablado oportunamente, si bien hemos preferido colocarla entre las ermitas, ya que el vulgo la considera como tal.

La Leyenda de Garin.—La Cueva que hoy se conoce de Garin se cree sea la que escogió para acabar sus días el célebre anacoreta, pero la que hace referencia la leyenda, debió estar situada muy cerca de la *ermita del Diablo*, entre *Santa Cruz y San Dimas*.

La Santa Imagen.—Si tuviésemos que citar cuanto se ha escrito, describiendo la Santa Imagen, sería interminable tarea. Diremos sólo que en la lámina primera del presente Album, la hemos reproducido, vuelta de cara al Camarín, pudiendo verse á sus pies el magnífico pedestal y mesa, que la sostienen. Las dos elegantes escaleritas que hemos dejado en dicha lámina, sirven para subir y bajar en el acto de la adoración.

Excursión á Montserrat.—Hemos descrito el viaje desde Barcelona tomando el ferrocarril de Cremallera en Monistrol, pero algunos prefieren aún hoy, prescindir de esta comodidad, y hacerlo en carruaje por la magnífica carretera que, serpenteando la Montaña, va desde esta villa hasta el Monasterio. Haciendo el viaje por la carretera, es más penoso, pero se disfruta mejor de las variadas y caprichosas formas que toma la Montaña á medida que nos acercamós á ella. Las innúmeras rocas colosales que surgen de improviso por todos lados engarzadas

dances intérieures du monastère. Cet éclairage fut inauguré le 25 avril 1896. l 26 juin de cette même année, M. Amézua termina la construction du nouv orgue.

Les châteaux de Montserrat. — Une légende populaire dit qu'il exista un ch teau à l'endroit où se trouve situé l'ermitage de Saint-Dimes, lequel château éta habité par des malfaiteurs et des voleurs de grands chemins, jusqu'à ce qu'ur légion composée de jeunes gens de Monistrol vint en faire l'assaut et tuer s habitants. Le château fut alors démoli, et c'est sur ses ruines que fut élevé primitif ermitage de Saint-Dimes. La légende ajoute qu'on lui donna ce no parce que c'est celui que portait le bon larron. L'*ermitage du Diable* devra aussi appartenir à ce chapitre, mais nous avons préféré le placer parmi les e mitages, le vulgaire le tenant pour tel.

La légende de Gàrin.—On croit que la grotte connue aujourd'hui sous le no de Garin est celle que choisit le célèbre anachorète pour y finir ses jours, ma celle dont parle la légende devait se trouver située près de l'*ermitage du Diab* entre la *Sainte-Croix* et *Saint-Dimes*.

La Sainte Image.—Si nous voulions copier tout ce qui s'est écrit pour dé crire la Sainte Image, nous n'en finirions plus. Nous dirons seulement que s la première planche de cet Album, nous avons reproduit l'Image, tournée de fac au Camarin, de façon que l'on puisse voir à ses pieds le magnifique piédestal la table qui la supporte. Les deux élégants petits escaliers qui figurent sur planche, servent à la montée et à la descente, lorsqu'on va vénérer la Vierge.

Excursion à Montserrat.—Nous avons fait le voyage en partant de Barcelon et prenant à Monistrol le chemin de fer à crémaillère; mais quelques touriste préfèrent encore se passer de cette commodité et faire le voyage en voiture pa la magnifique grande route qui va de Monistrol au Monastère, en serpentant l montagne. En effectuant le voyage ainsi, il est plus fatigant, mais l'on jouit dava tage des formes multiples et capricieuses que prend la montagne à mesure qu'o en approche. Les innombrables rochers géants qui surgissent subitement de tou côtés, comme enchâssés dans la verdure d'une végétation exubérante et caracté ristique; la structure spéciale de la route elle-même, d'où l'on admire de splen dides panoramas; la pittoresque *Fontaine des Moines*, qui invite au repos et d'o l'on découvre déjà *la roche de onze heures, le rocher des hirondelles, le passage de aigles*, toute la contrée qui baigne le Llobregat, semblable à un ruban d'arger

Perera y C.ª - Editores

La Santa Imagen de la Virgen de Montserrat

MONTSERRAT

Vista general de la montaña tomada desde la estación de Monistrol

MONTSERRAT
Tunel del ferrocarril á la salida del Monasterio

Parera y C.ª - Editores

MONTSERRAT
Puerta principal del Monasterio y sus dependencias

MONTSERRAT
La plaza mayor del Monasterio

MONTSERRAT

Vista del antiguo Claustro

MONTSERRAT

Puerta Byzantina, restos del antiguo Monasterio

Parera y C.ª - Editores

MONTSERRAT

Portada de la Iglesia

MONTSERRAT

Vista del coro y órgano de la Iglesia

MONTSERRAT

Abside de la Iglesia

MONTSERRAT

Terno bordado con oro y sedas sobre fondo morado

MONTSERRAT

Ermita y huerta de San Acisclo

MONTSERRAT
Vista general del Monasterio

MONTSERRAT

Vista de la Iglesia y Monasterio

Pareja y C.ª - Editores

Parera y C.ª - Editores

El Monasterio á vista de pájaro

MONTSERRAT

Interior de la Gruta «Los Dégotalls»

MONTSERRAT
La Cuesta del Camino de Santa Cecilia

MONTSERRAT

Fuente de Santa Cecilia

Parera y C.ª - Editores

MONTSERRAT

La fuente del Monasterio á vista de pájaro

MONTSERRAT

El camino de la Cueva y la Miranda de San Miguel
vistos desde la salida del Monasterio

MONTSERRAT
La Cueva donde fué hallada la Santa Imagen

Parera y C.ª - Editores

MONTSERRAT

Monumento en el camino de la Cueva

Parera y C.ª - Editores

MONTSERRAT

Ermita de San Miguel

Parera y C.ª - Editores

MONTSERRAT

La Capilla de San Miguel desde la Miranda

MONTSERRAT

Camino de la Cueva de Garín

Parera y C.ª - Editores

MONTSERRAT

Camino de Collbató al salir del Monasterio

Parera y C.ª - Editores

MONTSERRAT

Picos de Santa Magdalena

MONTSERRAT

Torrente de San Antonio

Purera y C.ª - Editores

MONTSERRAT

Grupo de montañas en que está situada la ermita de S. Juan

MONTSERRAT

La ermita de San Dimas vista desde los montes de la Trinidad

Parera y C.ª - Editores

MONTSERRAT

Ruinas de la ermita de la Trinidad

por los verdores de una vegetación exuberante y característica, la extructura especialísima de la misma carretera, desde la cual se admiran panoramas soberbios, la pintoresca *Font dels Monjos* que convida á descansar de las fatigas del viaje, y desde la que se descubren ya *La roca de las once*, y la de las *Golondrinas*, el *paso de las Aguilas*, toda la cuenca del Llobregat que, cual lengua de plata, serpentea aquella inmensa llanura, Olesa al pie, Martorell á la derecha, Manresa á la izquierda, el Montseny al fondo, bellezas son cuya contemplación compensa las fatigas del viaje.

En la *Font dels Monjos* hay un modesto albergue donde sirven comidas y refrescos.

La aparición del *Safreitx* y de las capillas de San Acisclo y de Santa Victoria, nos denuncia la proximidad del Monasterio, donde termina la ascensión y bien puede decirse al llegar allí, que si no se ha hecho el viaje con la comodidad del que ha subido sentado en un vagón, en cambio se ha disfrutado recreando la vista con tan espléndidos paisajes, que es lo que interesa en semejantes excursiones.

Terminaremos nuestra tarea aconsejando á las personas que visiten las montañas de Montserrat, que excepción de los meses calurosos de Julio y Agosto, procuren en el resto del año llevar buenos abrigos, pues la temperatura es excesivamente fresca, por la noche y por la madrugada, tanto en la primavera como en otoño.

CAVALL BERNAT

El gigantesco pico *Cavall Bernat* se levanta 60 metros, desde su base, según cálculos aproximados, pues la subida á su cúspide es impracticable. Su situación en el monte corresponde entre el Monasterio y la capilla de Santa Cecilia, al centro de ambos puntos próximamente, arrancando de la parte superior de la montaña.

Otros picos famosos existen en Montserrat, entre los cuales citaremos *Las Flautas*, la *Roca dels Angels*, la *Roca Foradada*, el *Gegant Encantat*, la *Roca de las Aurenetas*, etc., pero el más importante de todos es sin duda el *Cavall Bernat*, cuyo nombre que no justifica su forma ni su situación, parece ser picaresca modificación de su denominación primitiva.

qui serpente cette immense plaine, Olésa au pied; à droite, Martorell; à gauche, Manresa; Montseny au fond, forment un ensemble d'attractions, dont la contemplation compense largement les fatigues occasionnées par le voyage.

Il y a à la *Font des Monjos* une bonne auberge où l'on sert d'excellents repas.

Le *Safreitx* et les chapelles de Saint-Aciscle et de Sainte-Victoire dénoncent la proximité du Monastère. Du moins, peut-on dire en arrivant au terme du voyage, que si l'on a été privé des aises d'une ascension en wagon, on a joui de la vue de paysages, ce qui est précisément la chose la plus intéressante dans de semblables excursions.

Nous terminerons notre travail en conseillant aux personnes qui visitent les montagnes de Montserrat, de se pourvoir,—sauf aux mois de juillet et d'août,—de bonnes couvertures, car la température y est excessivement fraîche, le soir et le matin, aussi bien au printemps qu'à l'automne.

CAVALL BERNAT

Le gigantesque pic *Cavall Bernat* a environ 60 mètres de hauteur. Le sommet est absolument inaccessible. Il se trouve entre le Monastère et l'Abbaye de Sainte-Cécile, à peu près au centre de la distance qui sépare ces deux points, et prend naissance sur la partie haute de la montagne.

Il existe à Montserrat d'autres pics fameux, parmi lesquels nous citerons *les Flûtes*, la *Roche des Anges*, la *Roche trouée*, le *Géant enchanté*, la *Roche des hirondelles*, etc.; mais le plus important de tous, est sans aucun doute le *Cavall Bernat*, dont le nom n'est justifié ni par sa forme ni par sa situation. Ce nom est probablement une corruption de la plaisante dénomination primitive.

SERVICES SPÉCIAUX DU MONASTÈRE

Postes et télégraphes.—Les lettres sont admises deux fois par jour et délivrées au *Bureau des logements*, à dix heures du matin et à six heures du soir, aussitôt

SERVICIOS ESPECIALES EN EL MONASTERIO

Correo y comunicaciones. — Se recibe el correo dos veces al día, repartiéndose en el *Despacho de Aposentos*, á las diez de la mañana y á las seis tarde, después de la llegada de los trenes. La correspondencia para Barcelona puede depositarse en el buzón de correos del referido Despacho, hasta las dos y media de la tarde.

Para mandarla directamente á Manresa, hay que entregar los pliegos antes de las diez de la mañana, á los empleados del carril de Cremallera, dándoles propina, para que los depositen en el buzón de la estación de Monistrol (Norte).

Coches á Santa Cecilia. — Servicio especial, de la plaza del Monasterio á la fuente de Santa Cecilia. Desde la segunda Pascua al primero de Noviembre, parten del Monasterio á las ocho, á las diez de la mañana y á las tres de la tarde. Regresando á las dos, á las cuatro y á las seis de la tarde. — Una peseta por asiento, ida y vuelta.

Médico. — Presta este servicio uno de los legos. En el Despacho de aposentos hay botiquín surtido. Para casos graves es llamado por teléfono el médico de Monistrol, que sube en el tren inmediato, ó bien en carruaje.

Encargos para Barcelona, Sabadell y Tarrasa. — Frente á la entrada á la Hospedería de San José se reciben, en un kiosco dedicado á este objeto.

Gemelos de campaña. — Se alquilan en el kiosco de la Fuente del Portal. Una peseta por día entero; medio día cincuenta céntimos.

Ferrocarril con Cremallera. — Tiene también organizados sus servicios especiales.

Para colectividades que se compongan de más de cincuenta personas tiene una tarifa especial, así como un coche-salón, que sólo presta servicio cuando se alquila por completo.

Se organizan trenes especiales á todas horas. En treinta minutos suben desde Monistrol. Los precios por lo regular son unas 35 pesetas por tren.

après l'arrivée des trains. La correspondance pour Barcelone peut être déposée dans la boîte aux lettres dudit bureau, jusqu'à deux heures et demie de l'après-midi.

Pour la correspondance destinée à Manresa, il faut remettre les lettres avant dix heures du matin, aux employés du chemin de fer à crémaillère, qui, moyennant étrenne, les déposent dans la boîte aux lettres de la gare de Monistrol (sur la ligne du Nord).

Voitures pour Sainte-Cécile. — Service spécial, de la place du Monastère à la fontaine de Sainte-Cécile. Depuis la seconde fête de Pâques jusqu'au 1er novembre, les voitures partent du Monastère à huit et à dix heures du matin et à trois heures de l'après-midi; elles retournent à deux, quatre et six heures du soir. — Aller et retour, 1 franc par place.

Médecin. — C'est un des frères lais du Monastère qui remplit cette fonction. Il y a au bureau des logements une pharmacie complète. Pour des cas graves on appelle par le téléphone le médecin de Monistrol, qui accourt par le premier train, ou par voiture s'il le faut.

Commissions pour Barcelone, Sabadell et Tarrasa. — Vis-à-vis l'entrée de l'Auberge de Saint-Joseph se trouve une baraque où l'on admet les commissions pour ces villes.

Jumelles de campagne. — On loue des jumelles au kiosque de la fontaine du Portail, au prix de 50 centimes pour une demi-journée et 1 franc pour une journée entière.

Chemin de fer à Crémaillère. — La compagnie organise en cas de besoin des trains pour les collectivités de plus de cinquante personnes, à un tarif spécial. Il y a aussi un wagon-salon qui ne circule que lorsqu'on le prend au complet.

Des trains spéciaux sont organisés à toute heure. La montée depuis Monistrol s'effectue en trente minutes. Les prix sont généralement de 35 francs par train.

CUADRO DE DISTANCIAS

De Barcelona: Kms.

á Monistrol..	51
al Monasterio, por Monistrol..	64
al » por Collbató.	62
á San Jerónimo.	70

De Monistrol:

al Monasterio de Montserrat, por el carril de cremallera.	8
al » » » por la carretera.	13
al » » » por el atajo *(la dressera)*	7
á la *Font dels Monjos* (carretera)	7

Del Monasterio:

á la estación del Norte (Monistrol), por el carril de cremallera.	8
á la villa de Monistrol, por la carretera.	13
á » » por el atajo *(la dressera)*.	7
á Collbató, camino de herradura.	13'200
á la Cueva de la Virgen.	1'800
á San Jerónimo, (posada Bacarisas en la cumbre).	6'144
á » » por el camino del atajo llamado *la dressera*.	3'800
á Santa Cecilia, fuente. (Hay restaurant)..	4
á San Miguel y al empalme del camino de herradura para San Jerónimo.	2
á la Cueva de Gari.	1
á los *Degotalls*..	1'720
al mirador de San Juan (posada).	3'500
á la *Font dels Monjos* (posada).	5
á can *Massana*, por Santa Cecilia.	8'200
á Manresa (combinación del ferrocarril de Cremallera y línea del Norte)..	22

De Collbató:

al Monasterio, por el camino de herradura.	13'200
al » por la carretera de can *Massana*..	27
á las Cuevas de Montserrat.	1'600

TABLEAU DES DISTANCES

De Barcelone :   Kms.

à Monistrol.	51
au Monastère par Monistrol.	64
au » par Collbató.	62
à Saint-Gérôme	70

De Monistrol :

au Monastère de Montserrat, par le chemin de fer à crémaillère	8
au » » » par la route.	13
au » » » par le sentier de traverse.	7
à la *fontaine des Moines*.	7

Du Monastère:

à la gare du Nord (Monistrol), par le chemin de fer à crémaillère.	8
à la ville de Monistrol, par la route.	13
à » » par le sentier de traverse.	7
à Collbató, chemin muletier	13'200
à la grotte de la Vierge.	1'800
à Saint-Gérôme (auberge Bacarisas, sur le sommet).	6'144
à » par le sentier de traverse.	3'800
à Sainte-Cécile, fontaine. (On y sert à manger) .	4
à Saint-Michel et à l'embranchement du chemin muletier de Saint-Gérôme	2
à la Grotte de Garin.	1
aux *Degotalls*.	1'720
au belvédère de Saint-Jean (auberge).	3'500
à la *fontaine des Moines* (auberge).	5
à can *Massana*, par Sainte-Cécile.	8'200
à Manresa (correspondance du chemin de fer à crémaillère avec la ligne du Nord).	22

De Collbató :

au Monastère, par le chemin muletier	13'200
au » par la route de can *Massana*	27
aux fameuses Grottes.	1'600

De Collbató :   Km.

à San Jerónimo (cumbre del Montserrat), por el *canal del Pont* ó de *las Euras*. 12

à Esparreguera. 5

al Bruch.. 4

à can *Massana*, (por el Bruch). . . . . 9'700

à La Puda, balneario (por el atajo).. 5

De San Jerónimo :

al Monasterio de Montserrat, por el camino de herradura. . . . 6'144

al   »   »   »   por el atajo *(la dressera)*. . . . . 3'800

à Santa Cecilia, (camino peligrosisimo). 4

à San Miguel, (camino de herradura). 5

De Santa Cecilia :

al Monasterio de Montserrat.. 4

à la *Font dels Monjos*, agua rica. (Sirven comidas). 3

à los *Degotalls*.. . . . . 1'120

Es una excursión muy agradable el viaje de Barcelona á Montserrat, rodeando la montaña, la cual puede hacerse en ocho horas distribuidas en la siguiente forma :

	Kilómetros.	Horas
De Barcelona á Martorell (via Tarragona).	33	1'15
De Martorell á Esparraguera (coche)..	10	1'15
De Esparraguera á Collbató (tartana).	4	0'45
De Collbató al Bruch (1).	4	0'45
Del Bruch á can *Massana* (posada).	2	0'30
De can *Massana* á Santa Cecilia (fuente y Restaurant)..	8'200	1'45
De Santa Cecilia al Monasterio de Montserrat..	4	0'40

El viaje más rápido es por Monistrol, que se hace en menos de cuatro horas.

	Kilómetros.	Horas.
De Barcelona á Monistrol (linea del Norte)..	51	2'45
De Monistrol al Monasterio (via Cremallera).	8	1

(1)   En Collbató pueden tomarse caballerías hasta el Monasterio.

De Collbató :   Kms.

à Saint-Gérôme (sommet du Montserrat). par le *canal du Pont* ou de las Euras. 12

à Esparraguera. 5

au Bruch. 4

à can *Massana* (par le Bruch) . . . . 9'700

à *la Puda*, ville d'eaux (par le sentier) 5

De Saint-Gérôme :

au Monastère de Montserrat, par le chemin muletier.. . . . . 6'144

au   »   »   par le sentier de traverse. . . . . 3'800

à Sainte-Cécile (en suivant un sentier très dangereux). . . . 4

à Saint-Michel (chemin muletier). 5

De Sainte-Cécile :

au Monastère de Montserrat 4

à la *fontaine des Moines*. (L'eau y est excellente et l'on y sert à manger) 3

aux *Degotalls* . . . . 1'120

Une excursion excessivement agréable, c'est le voyage de Barcelone á Montserrat en contournant la montage. Ce voyage peut s'effectuer en trois étapes de huit heures, de la façon suivante:

	Kilomètres.	Heures.
De Barcelone à Martorell (*via* Tarragone) .	33	1'15
De Martorell à Esparraguera (en voiture) .	10	1'15
D'Esparraguera à Collbató (en cabriolet) .	4	0'45
De Collbató au Bruch (1).	4	0'45
Du Bruch à can *Massana* (auberge) .	2	0'30
De can *Massana* à Sainte-Cécile (fontaine et auberge) .	8'200	1'45
De Sainte-Cécile au Monastère de Montserrat.	4	0'40

Le voyage le plus rapide s'effectue par Monistrol en mois de quatre heures.

	Kilomètres.	Heures
De Barcelone à Monistrol (ligne du Nord).	51	2'45
De Monistrol au Monastère (voie à crémaillère).	8	1

(1)   A Collbató, on peut prendre des montures pour se rendre au Monastère.

Al cerrar estos *Apuntes*, no tenemos otra pretensión que la de haber recopilado una gran cantidad de noticias que interesen al amante de las glorias montserratinas, y facilitar al viajero la mayor comodidad en sus excursiones.

Nos hemos ceñido á nuestra misión de cicerone, procurando ser concisos y breves sin preocuparnos de las filigranas de dicción ni del valor literario de lenguaje, y aun en el mismo nombre de Garín, así lo hemos dejado por ser la expresión más vulgar, pero en realidad el legendario anacoreta se llamaba *Gari*.

Si llega á obtener este libro el favor del público, con el dictado de *útil y completo*, habremos alcanzado cuanto podíamos apetecer.

M. P. S.

Barcelona, 31 de Mayo de 1898.

TABLA EXPLICATIVA DE LAS LAMINAS

1. La Santa Imagen en su Camarín.
2. Estación del ferrocarril con cremallera en Monistrol.
3. Salida del túnel antes de llegar al Monasterio.
4. Puerta de entrada al recinto del Monasterio.
5. La plaza del Monasterio, tomada desde el claustro gótico.
6. Vista del claustro gótico donde se expenden los recuerdos de Montserrat.
7. Puerta Bizantina. Ruinas de la primitiva iglesia.
8. Puerta actual de la iglesia.
9. Coro alto, con la sillerías, atril y órgano.
10. Abside y Camarín, visto por la parte exterior.
11. Terno morado bordado en oro y seda.
12. Capilla de San Acisclo y Santa Victoria, con parte de la Huerta.
13. Vista general del Monasterio, tomada desde San Miguel.
14. Vista parcial del Monasterio desde el arranque del camino de Garín.
15. Vista parcial del Montserrat. La iglesia y convento.
16. El Monasterio á vista de pájaro, tomado desde el atajo de San Jerónimo.
17. La gruta de los *Degotalls*.
18. « La Cuesta », en el camino de Santa Cecilia.

Disons pour conclure qu'en rédigeant ces *Notes*, nous n'avons eu d'autre prétention que celle de compiler une foule de renseignements pouvant intéresser les admirateurs des gloires de Montserrat, et d'être utile aux touristes dans leurs excursions.

Nous n'avons pas voulu nous écarter de notre mission de cicerone, c'est pourquoi nous avons essayé d'être brefs et concis, évitant les filigranes du style descriptif, laissant de côté la phraséologie littéraire, pour n'atteindre qu'un but: celui de mériter de la part du public intelligent les qualificatifs d'*utile* et *complet*.

M. P. S.

Barcelone, 31 mai 1898.

TABLE EXPLICATIVE DES PLANCHES

1. La Sainte Image dans le Camarin.
2. Gare du chemin de fer à crémaillère à Monistrol.
3. Sortie du tunnel avant d'arriver au Monastère.
4. Porte d'entrée de l'enceinte du Monastère.
5. La place du Monastère, vue prise depuis le cloître gothique.
6. Vue du cloître où l'on vend les souvenirs de Montserrat.
7. Porte byzantine. Ruines de l'église primitive.
8. Porte actuelle de l'église.
9. Le chœur d'en haut avec stalles, lutrin et orgue.
10. Abside et Camarin, vus du côté extérieur.
11. Chasuble et dalmatique brodées d'or et de soie.
12. Chapelle de St-Aciscle et de Ste-Victoire, et une partie du jardin potager.
13. Vue générale du Monastère, prise depuis Saint-Michel.
14. Vue partielle du Monastère, depuis le commencement du chemin de Garin.
15. Vue partielle du Monastère. L'église et le couvent.
16. Le Monastère vu à vol d'oiseau. Vue prise depuis le sentier de traverse de Saint-Gérôme.
17. La grotte des *Degotalls*.
18. « La côte » sur le chemin de Sainte-Cécile.

19. Fuente cercana al Monasterio de Santa Cecilia.
20. « La fuente del Portal » en la misma entrada del Monasterio.
21. El camino de la Cueva, visto desde la salida del Monasterio con la miranda de San Miguel en lo alto.
22. La cueva de la Virgen donde fué hallada la Santa Imagen.
23. Monumento en el camino de la Cueva. Crucifijo de bronce.
24. La capilla de San Miguel en su estado actual con la cruz de término.
25. La capilla de San Miguel, vista desde la miranda dominándose la cuesta á primer término.
26. Camino de la Cueva de Garin.
27. Camino de Collbató al salir del Monasterio, tomado desde las habitaciones de Santa Teresa.
28. Picos elevados de Santa Magdalena donde estaba situada dicha ermita.
29. Torrente de San Antonio y la roca de la Calavera.
30. Grupo de peñascos en que está enclavada la ermita de San Juan.
31. Las breñas de San Dimas, tomadas desde los montes de la Trinidad.
32. Ruinas de la ermita de la Santísima Trinidad.

19. La fontaine (près le monastère de Sainte-Cécile).
20. « La fontaine du Portail », à l'entrée même du Monastère.
21. Le chemin de la Grotte vu depuis la sortie du Monastère et, en haut, l'esplanade ou belvédère de Saint-Michel.
22. La Grotte de la Vierge où fut découverte la Sainte Image.
23. Monument élevé sur le chemin de la Grotte. Crucifix en bronze.
24. La chapelle de Saint-Michel et la croix de chemin dans leur état actuel.
25. La chapelle de Saint-Michel vue depuis l'esplanade ou *Miranda*, d'où l'on domine la côte sur le premier plan.
26. Chemin de la Grotte de Garin.
27. Chemin de Collbató, en sortant du Monastère, vue prise depuis les logements de Sainte-Thérèse.
28. Les hauts pics de Sainte-Magdeleine où se trouvait cet ermitage.
29. Le torrent de Saint-Antoine et la Roche de la tête de mort.
30. Groupe de rochers sur lesquels se trouve enchâssé l'ermitage de Saint-Jean.
31. Les fourrés de Saint-Dimes vus du haut des montagnes de la Trinité.
32. Ruines de l'ermitage de la Très-Sainte-Trinité.

CORRIGENDA

Página 9. Línea última, suprímase el *de día y noche*.

Página 17. Línea 2.ª, donde dice: *restauración*, léase, *reforma*.

Página 32. Línea 16, donde dice: *la Providencia*, léase, *el destino*.

Página 43. Línea 5.ª, donde dice: *S. Miguel Arcángel*, léase, *S. Jorge*, y en la 7.ª, en vez de: *titulares de las ermitas*, léase, *habiendo pertenecido á la orden de S Benito*.

Página 45. Línea 3.ª, donde dice: *la víspera*, léase, *el día*, y en la 4.ª, donde dice: *durante ocho días*, léase, *durante aquel día*.

Página 46. Línea 1.ª; son *cuatro estatuas* en vez de *doce*.

Página 47. Línea 2.ª; donde dice: *de los dominios*, léase, *de los terrenos*.

Page 7. Ligne 29, au lieu de: *agglomérés*, lire, *agglomerats*.
Page 9. Ligne dernière, supprimez le: *de jour et nuit*.
Page 15. Ligne 9, au lieu de: *devant de la Vierge*, lire, *devant de l'Image de la Vierge*.
Page 17. Ligne 16, au lieu de: *restauration*, lire, *reforme*.
Page 30. Ligne 6, au lieu de: *petit temple*, lire, *niche en tabernacle*.
Page 32. Ligne 16, au lieu de: *la Providence*, lire, *son destin*.
Page 43. Ligne 12, au lieu de: *Saint Michel Archange*, lire, *Saint-Georges*; ligne 14, au lieu de *dont les ermitages portent les noms*, lire, *ayant était moines de S. Benoît*, et ligne 22, au lieu de *qui paye*, lire, *que paye*.
Page 45. Ligne 2, au lieu de: *la vieille*, lire, *le jour*; ligne 12, au lieu de: *Pendant huit jours*, lire, *Pendant ce jour*; ligne 29, sont *quatre statues* au lieu de *douze*
Page 54. Ligne 5, au lieu de: *initiaves*, lire, *initiatives*, et sous la gravure au lieu, *élévé dans*, lire, *élevé sur*.
Page 56. Ligne 26, au lieu de: *avec retour*, lire, *au retour*.
Page 62. Ligne 8, au lieu de: *au même temps que fusils*, lire, *ainsi que des fusils*.

INDICE

INDEX

FIN

9 782014 429039